슈가크래프트
Sugarcraft
& DECORATION

도서출판 효 일
www.hyoilbooks.com

머리말 •

내 나이 불혹에 접어들면서 비로소 내면에서 속삭이던 꿈과의 진정한 조우를 하게 되었습니다. 꿈꾸는 사람에게 세상은 기회를 준다고 했던가요? 슈가크래프트의 깊은 매력에 빠져 아직도 매일 새로운 작품을 꿈꾸면 가슴 설렙니다.

길가의 이름 모를 작은 꽃들도 그냥 지나치지 못하고 유심히 살펴보는 버릇이 생겼고 일상의 사물들도 모두 내게 작품으로 연결 지을 수 있을 것 같은 영감을 줍니다.

왜 조금 더 일찍 이 세상이 이토록 신비하고 아름답다는 것을 발견하지 못했을까?

처음엔 그저 슈가크래프트가 좋아서 시작했었습니다.

그 달콤한 재료로 손끝에서 아름다운 컬러를 곁들여 완성되어가는 기쁨은 너무도 크답니다.

만들고자 하는 것은 무엇이든 제작이 가능했고 내 생활 어디라도 작품의 소재는 널려 있었기에... 그렇다고 모든 과정이 눈에 보이는 작품의 아름다움만큼 순탄한 것만은 아니었습니다. 내자신과의 끊임없는 싸움에서 이겨야만했습니다.

슈가크래프트와 함께한 12년, 그간 모아온 갖가지 자료들을 다시 한번 꺼내보며 그동안 어렵고 가슴 아팠던 순간들과 슈가크래프트의 본고장인 영국에서 있었던 사상 최대 규모의 국제대회에서 수상할 때의 기쁨의 순간들을 떠올려 보았습니다. 한국인으로는 최초로 슈가크래프트 세계대회에서 그것도 첫 출전에 3관왕 그리고 단하나의 작품에만 수여되는 트로피를 수상했던 순간은 지금도 가슴 벅찬 감동으로 고스란히 되살아난답니다.

대회출품작을 준비하면서 자료를 찾기 위해 여름 한철 고스란히 고궁과 박물관을 수없이 드나들었고 작품을 만들면서 만족스럽지 않아 반복에 반복을 거듭하며 연습을 수없이 하며 힘들었던 순간이 떠올랐지만 수상자 명단을 확인 하는 순간 그 동안의 고통은 희열로 바뀌며 그만큼 환희는 더 크게 느껴졌습니다.

2004 CREATIVE WORLD of SUGAR (BSG international exhibition)는 나를 슈가크래프트 아티스트로 뿌리 내리게 해주었고 비로소 내가 서야할 자리를 찾게 해줬을 뿐만 아니라 무엇보다도 나 스스로에게 큰 자신감과 앞으로 한걸음 더 전진할 수 있는 힘을 갖게 해주었습니다.

지난 2008년 2월, 2년에 한번씩 열리는 런던에서 명성있는 슈가크래프트 국제경연대회

인 2008 HOTELYMPIA Le salon Culinaire International de londres에 출전해 금상과 은상을 수상하며 다시한번 Sugar artist로 확고하게 뿌리를 내리는 계기가 되었습니다.

교육학 전공자로서 교육에 대한 열정은 내게 학원 설립은 필수처럼 느껴졌고, 작년 7월 교육청으로부터 인가 받은 한국 유일의 슈가크래프트 공예학원 "슈가 아뜨리에"를 설립하게 되었습니다. 여기에는 이미 몇 년 전에 같은 이름으로 슈가크래프트 케이크 전문점을 운영한 경험이 큰 도움이 되었습니다.

영국, 프랑스, 독일, 일본, 미국 등 슈가크래프트의 대가이신 여러 선생님들께 지도를 받기위해 고생했던 순간들이 지금은 좋은 추억거리로 남아 제자들에게 들려 주곤 합니다.

특히 영국 런던에서 교육 받는 동안 방문했던 대영박물관과 빅토리아앤 앨버트 박물관(Victoria & Albert Museum)은 지금까지 내가 알고 있던 기존의 데코레이션 방법에서 벗어나게 해주는 획기적인 변화를 가져다주었습니다. 여러 가지 건축양식은 물론 왕실의 상의 문양등은 신선한 충격을 안겨주었습니다.

오랜 세월 끊임없는 격려와 질책으로 나를 이끌어준 가족들에게 정말 미안함과 고마움을 어떻게 표현해야 할지 모르겠습니다.

건국대학교 농축대학원 이시경 교수님과 혜전대학 조남지 처장님은 제가 한발 한발 발전해 갈 수 있도록 이끌어주셨고, 물심양면으로 지원을 아끼지 않으시는 K. B. World 안창현 회장님, 항상 든든한 울타리가 되어 주시는 회원 여러분 모두에게도 감사를 드립니다.

책을 내는 일은 설레이기도 하지만 한편 두려운 일이기도한데 이 책이 출간 되도록 애써주신 도서출판 효일 金洪龍사장님과 직원여러분께 깊은 감사를 드립니다.

아무쪼록 본서가 슈가크래프트를 공부하려는 후배들에게 또 하나의 나침반이 되어 한국의 슈가크래프트 발전에 기여할 수 있게 되기를 바라며 이 책에 미처 담지 못한 내용가운데 궁금한것이 있거나 새롭게 바뀌는 정보들에 대해 알고 싶은 분들은 언제라도 저의 홈페이지 www. sugaratelier.com을 방문해 주시기 바랍니다.

저자 씀

contents

Part 1
슈가 크래프트의 이론

W
M
E
N

Part 2
슈가 크래프트의 작품

01 슈가 크래프트와 영국 왕실 웨딩케이크

꽃에 대한 애정이 각별했던 퀸 빅토리아가 1840년 결혼할 당시 그녀의 웨딩 케이크 데커레이션에도 꽃이 반영되었다는데 단 하나의 단이었지만 수백 개의 핑크색 장미꽃이 옆면과 밑부분을 둘러 장식되었던 이 웨딩 케이크는 거대했던 것은 물론 센세이션을 일으켰다한다. 당시 신문기사에 따르면 웨딩 케이크는 John MaudItt라는 사람에 의해 제작되었으며 최상의 재료만으로 가장 화려한 기술을 동원했기에 이 둘의 뛰어난 조화로 가장 고가의 케이크로 탄생될 수 있었다한다.

과도한 데커레이션으로 장식된 웨딩 케이크는 빅토리아 시대의 전형적인 예로 볼 수 있었는데 무게가 300파운드에 육박하는 케이크는 높이 14인치(inch)에 둘레는 3야드(yard) 정도였고 (1야드는 약 91cm) 겉 표면은 흰 아이싱으로 커버되어 "로얄(Royal)" 이라는 수식어가 처음 사용되었으며 이후로 이 명칭은 현재까지 사용되고 있다. 피로연에 참석한 내빈의 수가 불과 100여명이었다는 것을 감안하면 아마도 여왕이 충신과 하인들에게 나눠주었다고 하여도 이러한 크기의 케이크는 무척 큰 것이었으리라 짐작된다. 오늘날 서빙되는 웨딩 케이크 한 조각의 크기 즉 약 1인치×3인치 와 비교하여 계산했을 때 퀸 빅토리아의 케이크는 3000 조각에 육박하는 어마어마한 수에 달했을 것이다.

수백개의 장미가 장식된 케이크는 아이싱으로 제작된 3인치, 12인치높이의 장식모형도 설계를 했다는데 새로운 신랑신부의 발밑에 행복한 결혼생활과 정절을 상징하는 두 마리의 아이싱 비둘기, 한 마리의 개가 장식되었다고 한다. 이러한 상징적 장면은 케이크의 표면에서부터 케이크의 높이를 맞추기 위해 추가적으로 아이싱을 층층이 쌓아올렸고 이 디자인은 관심을 증폭시켰을 뿐 아니라 버킹엄 궁에서 볼 수 있는 대형 무도회장에서 케이크의 효과를 확인 할 수 있었다는데 퀸 빅토리아의 웨딩케이크를 장식한 수백송이의 장미는 매우 사실적이었으며 제작에 수많은 시간이 들었음이 틀림없었을 것이다.

퀸 빅토리아는 비록 그녀의 케이크가 이탈리아산 쌀로 만들어져 신들의 왕인 주피터에게 바쳐진 본래의 케이크와는 많은 차이를 보이지만 로마시대부터 이어져온 전통을 그녀의 결혼식 축하케이크로 고무시켰던 것이다.

퀸 빅토리아의 결혼식 18년 후 상상을 초월한 6피트 높이에 달하는 거대한 케이크를 영국 왕실에서 볼 수 있었다는데 그 장녀 빅토리아 공주가 결혼하면서 멘델스존의 '웨딩마치'를 결혼식에서 연주하게 하여 이를 전통으로 만들었고 이 멜로디는 현재에는 잘 알려진 것이지만 당시에는 좀처럼 듣기 힘든 곡 이었다한다.

웨딩케이크의 스타일 역시 새로운 것으로 크고 둥근 퀸 빅토리아의 케이크와 달리 이번 케이크는 설탕으로 만든 모형 동상과 원형 오렌지꽃다발 장식이 더 많아졌고 오렌지 꽃 장식 주제는 신부 드레스에도 이어져 현재에도 뒤돌아볼만한 패션 변화의 기원이 되었으며 그녀의 넓은 치마폭과 어깨와 가슴골을 드러낸 스타일은 "오늘의 공주"가 되고자 하는 현대의 신부를 즐겁게 해주고 있다.

웨딩 케이크는 그 규모와는 대조적으로 실제 식용 가능한 부분은 커다란 원형의 밑단으로 지름이 약 3피트에 달하며 로얄 아이싱으로 코팅되었고 아이싱으로 이루어진 복잡한 모양으로 둘러진 연속적인 매끈한 판이 옆면에 부착되었다. 이 무거운 판은 건조시 금이 가지 않도록 매끈하게 해야했을 것이다. 건조되면 액자처럼 부착시키는 이 작업은 단단하게 아이싱 라인으로 고정시켰을 것이고 이 아이싱 '풀'은 판에 얼룩이 지지 않도록 정확하게 작업해야했을 것이다. 아이싱 액자 작업은 둥근 옆면에 부드럽게 부착되도록 제작되어 케이크와 동일한 곡선 있는 로얄 아이싱- 런 아웃- 또는 파스티아주로 구성되어 건조 후에는 매우 조심해서 다뤄야했을 것이다.

이후 세대가 바뀌며 고대의 역사가 웨딩 케이크 디자인에 깊이 파고들었다.

케이크에서 볼 수 있는 스크롤 하나하나가 대영박물관 그리스의 신전 또는 신전 일부인 걸작을 정확하게 묘사하기도 하였는데 아름다운 트레이서리(고딕식 창의 격자)가 슈가 장식으로 둘러지기도 했으며 허니 서클 아칸서스(코린트식 기둥머리) 모양이 장식되기도 했는가 하면 울타리 앞의 받침에 큐피트상이 세워지거나 각 단의 모서리 아래에 꽃장식이 가득한 크레타식의 화병이 놓여지기도 했다.

케이크 커팅을 할 때는 예식용 검을 사용했는데, 이것은 신랑과 신부가 하나의 결합체로서 과제를 수행한다는 상징적인 의미가 있다고 전해진다.

02. 2008년 영국세계호텔림피아대회 수상작

1) 비밀의 정원(Secret Garden)_Gold Medal

2) 허니문(Honey Moon)_Silver Medal

특허 제 10-0851834호

03. 슈가 크래프트 도구와 재료

1) 도구

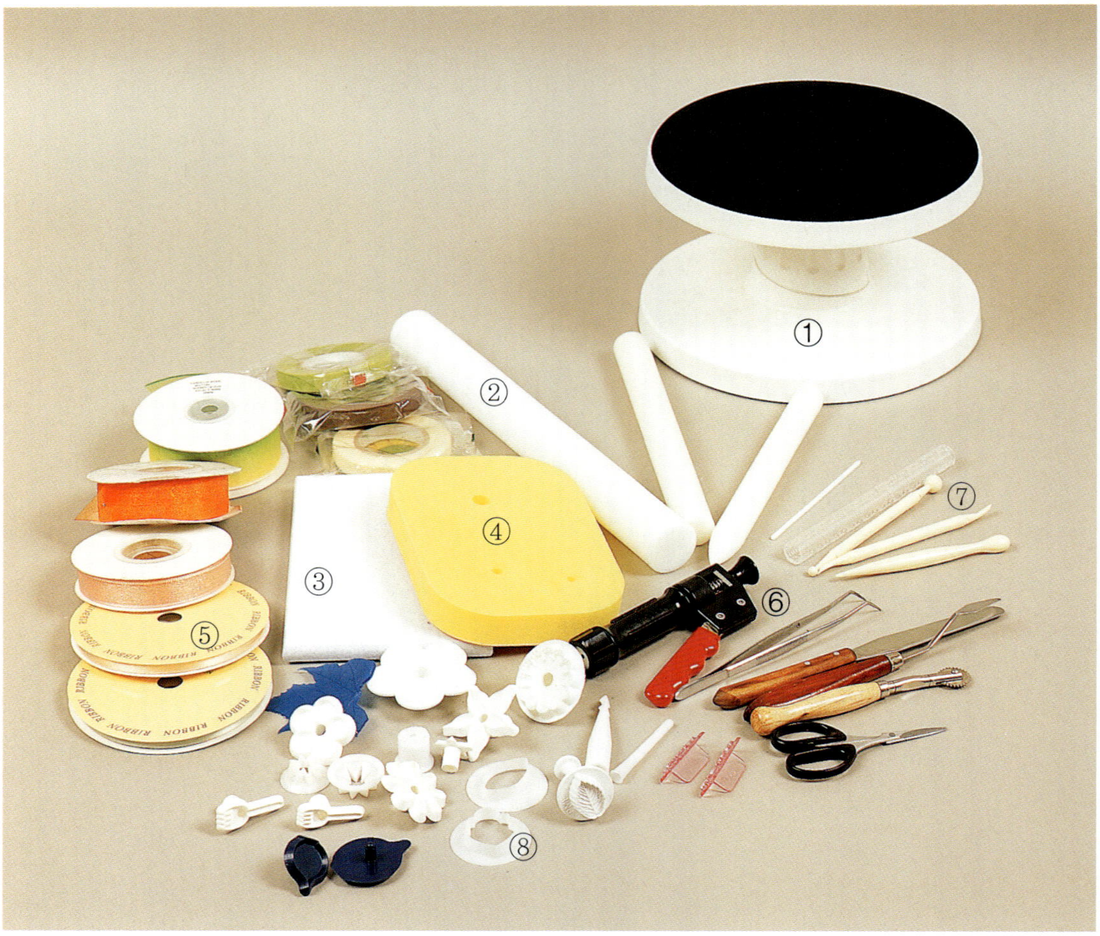

도구명 : ① 턴테이블 ② 롤링핀 ③ 보드 ④ 패드 ⑤ 리본 ⑥ 슈가건 ⑦ 여러가지 툴 ⑧ 꽃과 잎의 커터들

2) 재료

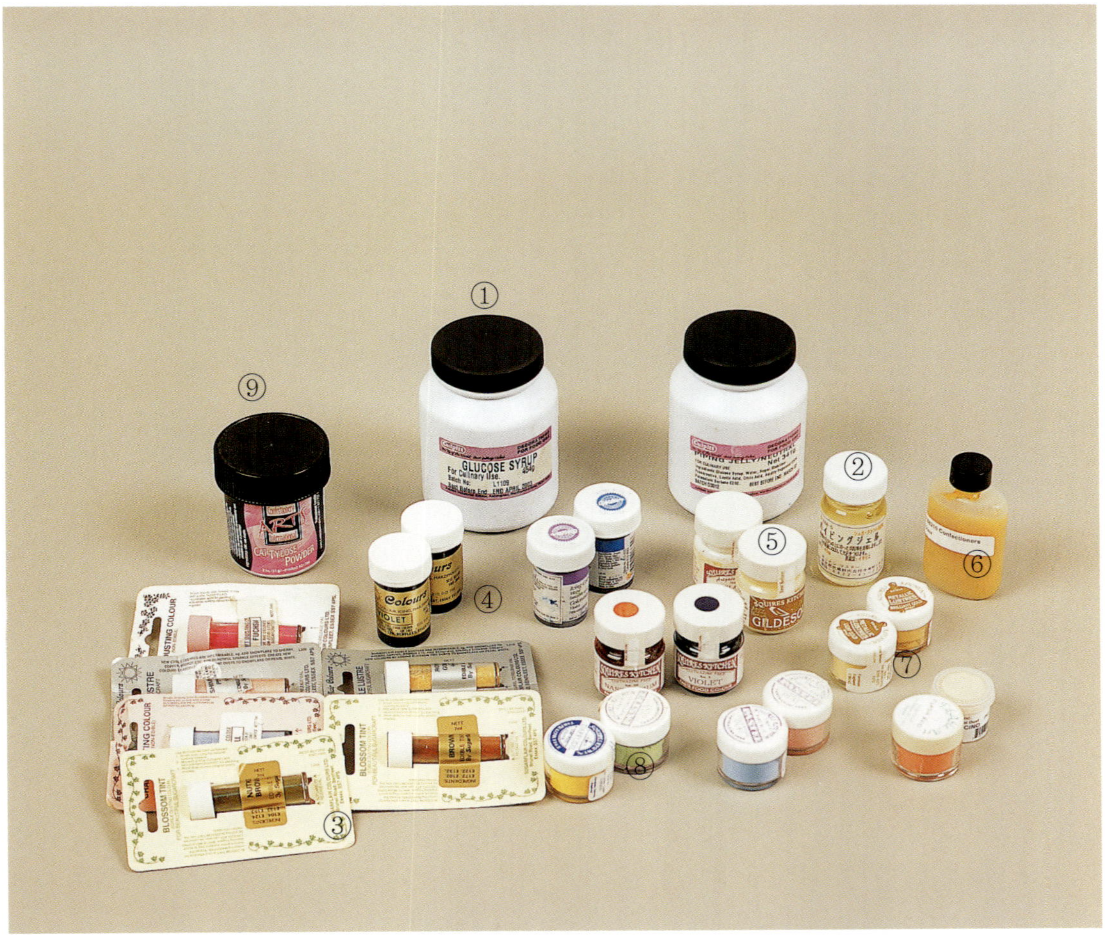

재료명 : ① 글루코오스 ② 파이핑젤 ③ 공예용 분말색소 ④ 크림타잎 색소들 ⑤ 길데솔 ⑥ 공예용 광택제
⑦ 공예용 펄 ⑧ 파스텔 색소들 ⑨ 타일로즈 파우더

04. 슈가 페이스트 만들기(Making sugar paste)

초보자에게 다양한 종류의 페이스트를 언급하는 것은 매우 혼란스러울 수 있다. 다 비슷하지 않을까? 왜 한 종류만 사용하면 안 되는 걸까? 가능하다면 말이다. 각기 다른 페이스트는 각각의 특정 작업에 더 적합하며, 적절한 종류의 페이스트를 선택하여 사용하는 것이 항상 작업하기 쉽다. 하나 이상의 작업을 하는 것이 더 효율적일 수 있으며 이런 경우에는 저렴하고 만들기 쉬운 것을 사용할 것을 권하고 싶다.

슈가 페이스트는 시중에서 구할 수도 있으나 직접 만들어 사용하는 것보다 가격이 비싸므로 반죽법을 제대로 마스터 한 후에는 본인이 원하는 정도로 각 재료를 맞춰 사용할 수 있다.

C.M.C(Carboxymethyl Cellulose) 또는 검 트라카칸트(Gum tragacanth)는 모든 페이스트에 사용되며 양질의 재료를 사용하는 것이 제값을 다할 것이다. 대체물을 사용하면 좋은 결과를 기대할 수 없으니 싼값에 유혹되지 않는것이 바람직하다.

플라워 페이스트와 파스티아주는 잘 굳기 때문에 작게 잘라 포장하여 냉장 보관한다. 6개월 정도 보관가능하며 위생적으로 잘 포장한 경우에는 이보다 더 오래 보관도 가능하다. 시중에 나와 있는 수입 슈가 페이스트의 상태도 비교적 훌륭하기는 하지만, 나의 경우 페이스트가 필요할 때마다 번번이 반죽하는 것이 비효율적이기에 한번 반죽할 때 조금 많은 양을 반죽하여 지퍼 백에 넣어 냉장보관 하여 사용한다. 또한 식용으로 사용할 경우 주변 환경과 사용될 도구들은 철저한 위생처리 후 반죽해야 한다.

1) 플라워 페이스트 (flower paste)

다른 페이스트보다 사용되는 재료가 더 많기 때문에 반죽이 더 복잡할 수 있다. 그러나 시중에 나와 있는 것을 구매하는 것보다 값이 싸고, 천연 검 트라카칸트(또는 C.M.C)는 꽃 만들기에 절대적으로 요구되는 강도와 끈기를 가진 페이스트로 만들어주기에 시도해 볼만 하다. 또한 보드에서 매우 얇게 밀어지고 늘어나며 가장자리에 갈라짐이 가지 않고 모양을 잡아줄 수 있다. 끈기와 탄력 때문에 판 모양 장식에는 적합하지 않으나 작은 장식 등에는 사용할 수 있다.

Tip

믹서를 사용할 경우도 위와 같이 중탕하며 아이싱 슈가 등 혼합물과 젤라틴을 믹싱 볼에 넣어 저속으로 저어주고 달걀흰자를 넣은 뒤 저속으로 5분간 하얗고 끈끈해질 때까지 믹싱해 준다. 알맞은 크기로 잘라 지퍼 백에 넣어 사용하기 전 24시간동안 냉장보관하여 숙성시키고 사용 전 부드럽게 반죽해준다.

슈가 페이스트는 냉장상태에서 꺼내자마자 무척 단단하므로 적은 양씩 약간의 지방을 묻혀준 손으로 부드럽고 유연해질 때까지 반죽해 사용한다.

+재료

- 체에 내린 아이싱 슈가 500g
- 흰자 분말 10g
- 물 35g
- 액상 글루코스(또는 물엿) 60g
- 농축 레몬즙 2g
- 검 트라카칸트 (또는 C.M.C) 10g
- 젤라틴 10g
- 달걀 흰자 35g
- 흰 식물성 지방 15g

+반죽법

01_ 젤라틴과 계량한 물을 혼합하여 20분정도 두어 스폰지화 한다.
02_ 체에 내린 아이싱 슈가와 검 트라카칸트, 흰자분말을 체에 내려 중탕한다.
03_ 액상 글루코오스와 ①의 젤라틴도 용해될 때까지 중탕한 후 혼합한다.
04_ 달걀 흰자는 응고되지 않도록 주의하면서 중탕해 준다.
05_ 중탕한 아이싱 슈가와 젤라틴, 글루코오스를 먼저 넣고 잠깐 섞어준 후, 중탕해 준 달걀 흰자를 넣고 섞어준다.
06_ 주걱으로 저어서 대강 섞인 반죽을 실팻 위에 올리고 여러 가지 재료들이 고루 섞이도록 치대준다.
07_ 이형제(離形劑)로 흰 식물성 지방을 손에 발라가며 반죽을 한다.
08_ 15분 정도 반죽한 후 중앙 부분에 홀을 만들고 농축 레몬즙을 넣고 다시 5분정도 치대어 탄력있는 반죽을 만든다.
09_ 반죽을 작은 덩이로 잘라 지퍼 백에 넣고 다시 밀폐용기에 담아 냉장고에서 24시간 정도 숙성시켜 사용한다.

2) 커버 페이스트(cover paste)

+재료

- 체에 내린 아이싱 슈가 500g
- 물 45g
- 흰 식물성 지방 10g
- 젤라틴 12g
- 액상 글루코스(또는 물엿) 80g
- 농축 레몬즙 2g

+반죽법

01_ 젤라틴과 계량한 물을 혼합하여 20분 정도 두어 스폰지화 한다.

02_ 체에 내린 아이싱 슈가를 중탕한다.

03_ 액상 글루코오스와 ①의 젤라틴도 용해될 때까지 중탕한 후 혼합한다.

04_ 중탕한 아이싱 슈가와 젤라틴, 글루코오스를 넣고 섞어준다.

05_ 주걱으로 저어서 대강 섞인 반죽을 실팻 위에 올리고 여러 가지 재료들이 고루 섞이도록 치대준다.

06_ 이형제(離形劑)로 흰 식물성 지방을 손에 발라가며 반죽을 한다.

07_ 15분 정도 반죽한 후 중앙 부분에 홀을 만들고 농축 레몬즙을 넣고 다시 5분 정도 치대어 탄력 있는 반죽을 만든다.

08_ 반죽을 작은 덩이로 잘라 지퍼 백에 넣고 다시 밀폐용기에 담아 냉장고에서 24시간 정도 숙성시켜 사용한다.

3) 파스티아주(pastillage)

설탕 반죽으로 만든 과자라는 뜻의 프랑스어 파스티아주는 판, 장식 제작에 쓰이며 특히 편평하게 자르기 쉽다. 만약 작업속도가 빠르다면 잘라진 조각을 곡선에 두어 건조시킬 수도 있다. 커터나 모양 판을 패턴으로도 사용가능하지만 빨리 건조되는 성질이 있어 금이 가거나 깨질 수 있기에 모델링 또는 꽃 작업에는 적합하지 않다.

Tip

아이싱 슈가를 데워주는 것은 반죽을 더 쉽게 해주어 믹서에 가해지는 힘을 줄여줄 수 있기 때문이다.

만약 믹싱 볼이 플라스틱이라면 전자레인지에 데운다. 또는 약한 불에 물을 담은 볼을 올리고 그 위에 아이싱 슈가를 담은 작은 볼을 띄워놓고 나무 주걱으로 저어 데워준다.

+재료

- 체에 내린 아이싱 슈가 500g
- 젤라틴 7.5g
- 흰 식물성 지방 6g
- 검 트라카칸트 2.5g
- 물 60g

+반죽법

01_ 작은 볼에 물과 젤라틴을 함께 섞어놓으면 물이 흡수되어 스폰지처럼 될 때까지 30여분정도 둔다.

02_ 위 01의 볼을 뜨거운 물이 담긴 팬 위에 두고 완전히 용해되도록 한다. 이때 혼합물이 절대 끓어서는 안된다. (60℃ 이상 온도가 올라가면 젤라틴에서 좋지 않은 냄새가 나며 점성도 떨어진다)

03_ 그 동안 믹싱 볼에 아이싱 슈가와 검 트라카칸트를 체에 내려 중탕하거나 오븐에 천천히 따뜻하게 데워지도록 한다. 손으로 온도를 확인하며 손에 따뜻하게 느껴질 때 준비가 된 것이다.

04_ 젤라틴 혼합물을 믹싱 볼에 부어주고 느린 속도록 5분 정도 믹서를 돌려준다. 믹싱될 수록 하얗게 되나 너무 오래 믹싱하면 건조되기 시작하니 주의한다.

05_ 지퍼 백에 넣어 냉장상태로 사용하기 전 24시간 정도 보관해둔다.

06_ 사용하려면 밀기 2시간 전에 실내온도에 파스티아주를 꺼내 반죽을 부드럽게 해둔다.

4) 초콜렛 슈가 페이스트(chocolate sugar paste)

+재료

- 좋은 품질의 잘게 자른 초콜렛 500g
- 슈가 시럽 50g(설탕 60g : 물 50g 끓인다)
- 액상 글루코스 150g
- 슈가 페이스트 약 700g

+반죽법

01_ 초콜렛을 내열 볼에 두고 뜨거운 물이 있는 팬위에 올리고 초콜렛이 녹을 때까지 계속 저어준다.

02_ 글루코스와 슈가 시럽을 볼에 넣어주고 따뜻한 물이 있는 볼에 담가준다. 따뜻해 질때까지 나무 스푼으로 저어준 다음 초콜렛에 넣어준다. 이 위를 덮어주거나 비닐백에 넣어 상온에서 사용전 24시간 동안 두는데 이때 절대 냉장상태로 둬선 안 된다. 사용하기 전에 약간 반죽해서 만지기 쉽게 해 초콜렛 페이스트를 동량의 슈가 페이스트와 함께 아이싱 슈가를 뿌려준 작업대에서 반죽해서 사용하기 좋은 상태로 만들어 준다. 비닐랩보다 더 두께감이 있는 비닐 사이에서 밀어 사용한다.

Tip

슈가 시럽을 만들기 위해서는 60g의 슈가를 50g의 물에 넣어 3분 동안 끓여준다. 상온에서 식혀 주고 밀폐뚜껑이 있는 유리용기에 넣어 상온에서 보관한다.

5) 초콜렛 프로스팅(chocalate frosting)

+재료(20cm 원형 케이크를 커버하기에 충분한 분량)

- 작게 자른 다크 초콜렛 60g
- 슈가 185 g
- 달걀 흰자 1개
- 타르타르 크림 0.5g

+반죽법

01_ 슈가, 달걀 흰자, 타르타르 크림을 내열 볼에 넣어 끓는 물이 있는 다른 팬 위에 올린다. 6~8분 정도 저어서 부드럽게 해준다.

02_ 초콜렛을 내열 볼에 넣어 뜨거운 물이 있는 팬 위에 두고 초콜렛이 녹을 때까지 가끔 저어준다.

03_ 녹인 초콜렛에 01을 넣어 섞어주고 팔레트 나이프로 즉시 케이크 위에 스프레드 해준다.

6) 글라세 아이싱 (glace icing)

+재료(20cm 원형 케이크를 커버하기에 충분한 분량)

- 아이싱 슈가 280g
- 부드럽게 해준 무염 버터 4~5g
- 우유 또는 물 40~45g
- 식용 색소

+반죽법

01_ 아이싱 슈가를 볼에 체쳐 내려준 뒤 버터와 충분한 양의 우유 또는 물을 넣어 걸쭉한 반죽을 만들어 준다. 필요하다면 이때 색상을 넣어준다.

02_ 전자레인지에 살짝 데우거나 뜨거운 물이 있는 팬에 볼을 올려 걸쭉하고 붓기 좋은 상태로 만들어 따뜻한 상태에서 바로 사용한다. 즉시 케이크에 부어 표면이 매끈하게 한다.

7) 슈가 글루(sugar glue)

+재료

- 플라워 페이스트 50g
- 커버 페이스트 50g
- 진 70g

+만드는 법

슈가 페이스트를 잘게 잘라 살균된 밀폐 용기에 넣고 진을 부어 뚜껑을 덮어 냉장고에서 1개월 정도 숙성시킨다.

05. 로얄 아이싱 만들기(Making royal icing)

로얄 아이싱은 코팅이나 파이핑 또는 런 아웃, 작은 장식과 수놓기 등에 사용되며 로얄 아이싱의 기법들은 이 책의 여러 가지 완성된 작품에서 볼 수 있다.

달걀흰자 분말(알부민)이 시중에 나와 있는데 그 중 하나는 천연제품인 'Ren white' 라는 제품으로 대체제품으로는 'Cresta-white' 와 'Merri-white' (유럽이나 미국 등에서 사용됨)가 있다. 천연제품이 더 강해 파이핑, 런 아웃 기법에 대체제품보다 더 적합하나 가격이 비싼 편이다.

1) 코팅용 로얄 아이싱

+재료(20cm 원형 케이크 장식에 적합한 배율)

- 아이싱 슈가 875g
- 알부민 파우더 22g
- 물 140g

+반죽법

01_ 천연 알부민은 크림색으로 즉시 물에 풀리지 않으므로 사용하기 몇 시간 전에 물에 담가 두어야 하지만 대체제품은 흰색으로 물에 잘 풀린다.

02_ 알부민을 물에 용해시킨 후 고운 체에 내려 140g이 되도록 다시 계량하고 저울을 영점으로 맞춘 뒤 아이싱 슈가를 첨가하여 비터로 저어준다.

03_ 최저속으로 3~5분정도 믹싱하여 부드럽게 해준다. 아이싱이 단단해진 것으로 그 끝이 서있지 않고 뭉툭해진다. 이는 케이크의 초벌코팅이나 선 짜기에 적합하다.

04_ 좀 더 강한 강도의 단단한 아이싱은 끝이 단단하게 서있고 흔들어도 뭉툭해지지 않는다. 몇 분정도 더 믹싱해주면 간단하게 이러한 강도로 해줄 수 있다.

05_ 아이싱을 밀폐뚜껑이 있는 용기에 담고 보호를 위해 윗면을 비닐 랩으로 덮어 살짝 눌러주거나 젖은 헝겊으로 덮어두고 사용한다.

Tip

알부민 파우더(물 6.4 : 알부민 파우더 1)가 없을 경우 달걀 흰자(수분 87.8% : 단백질 10.8%)를 사용할 수 있으나 수분 함량이 많아 점성이 약간 떨어질 수 있다. 로얄 아이싱을 보관할때는 항상 용기의 옆면을 깨끗하게하여 남은 반죽에 건조된 아이싱이 떨어지지 않도록 주의한다. 작업시에는 아이싱을 약간 촉촉한 헝겊으로 덮어두고 건조되지 않도록 지속적으로 확인한다.

> **Tip**
> 런 아웃을 만들 때는 방금 저어준 로얄 아이싱을 사용하는 것이 좋으며 약간의 퍼짐성을 위하여 달걀 흰자를 몇 방울 더 넣고 고루 섞이도록 저어준다.

2) 런 아웃 로얄 아이싱

① 가장자리용 로얄 아이싱

+재료

- 아이싱 슈가 파우더 70g
- 달걀흰자 12g
- 농축레몬즙 1g

② 채우기용 로얄 아이싱(작품에 따라 배합 비율이 약간씩 달라질 수 있음)

+재료

- 아이싱 슈가 파우더 50g
- 달걀흰자 10g
- 농축레몬즙 1g

3) 다목적용 로얄 아이싱 (익스텐션, 레터링, 붓으로 수놓기 등)

> **Tip**
> 튜브(tube 또는 tip)의 크기와 로얄 아이싱을 장식하고자 하는 면적에 따라 로얄 아이싱의 농도가 약간씩 달라질 수 있다.

+재료

- 아이싱 슈가 파우더 70g
- 달걀 흰자 10g
- 농축 레몬즙 1g

4) 로얄 아이싱 파이핑

사용할 로얄 아이싱을 방금 저어서 약간 끝이 내려간 정도가 되어야 한다. 사용할 튜브의 끝을 항상 깨끗하게 해주고 특히 조개모양과 별모양 튜브를 사용한다면 명확한 표현을 위해 반드시 청결하게 해준다.

① 기본 조개 짜기

파이핑 백을 45° 기울여 잡고 앞으로 살짝 밀었다가 힘을 빼고 끝이 좁아지도록 마무리한다.

② 이어 짜기

위 ①번과 같은 방법으로 연속 짜주기를 한다.

③ 꽃 짜기

중앙부분을 먼저 짜고 왼쪽 오른쪽 순으로 짠다.

④ 교차 짜기

11시 방향 짜기와 8시 방향 짜기를 연속적으로 한다.

⑤ 여러 가지 다른 규격의 꽃 짜기

여러 가지 크기가 다른 조개모양을 수직으로 짠다.

⑥ 장미 짜기

손목을 360° 회전시켜 짠다.

⑦ 꼰 줄 짜기

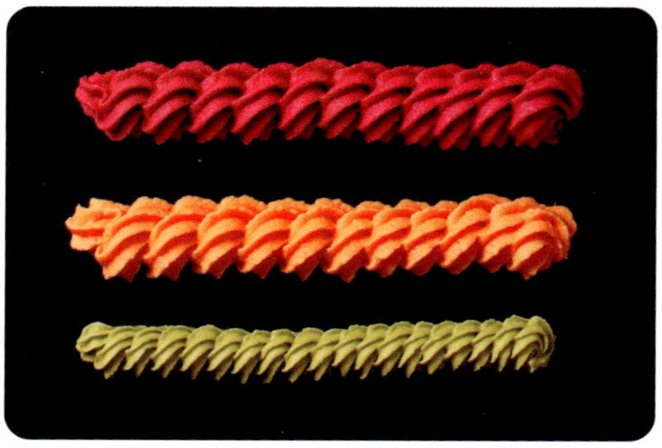

45° 보다 약간 낮은 각도로 파이핑 백을 들고 짜서 튜브를 둥굴리는데 이때 전체 줄을 완성하기 위해서는 지속적인 압력을 주어야 한다.

⑧ 소용돌이 짜기

소용돌이 모양은 자연적인 모양으로 오랜 세기 동안 유럽의 의전관의 문장, 오래된 저택 인테리어 등 많은 예술작품에서 사용되어 왔다. 이러한 소용돌이 모양의 파이핑을 발전시킬 때 중요한 점은 소용돌이 모양이 나뭇잎 모양을 기본으로 한다는 것이다. 예를 들면 섬세하게 시작해서 중간에는 두껍게, 그리고 끝으로 갈수록 점점 가늘어지도록 짠다는 것이다. 두 번째 소용돌이와 제 삼의 소용돌이는 기본 소용돌이 위에, 모든 소용돌이는 그 끝에서 만나는 잎들이 줄기 또는 대를 형성하는 것을 상상해야 한다.

a. C 소용돌이

아이싱을 별모양 튜브가 있는 백에 넣어준다. 케이크 표면에 정확한 각도 45° 또는 이보다 약간 낮게 파이핑 백을 유지하며 튜브는 중앙을 향하게 해주고 원형 소용돌이를 위로 짜주고 끝을 가늘게 한다. 가늘어지는 마무리 점을 잘하기 위해서는 꼬리가 연결되는 상상을 한다. 좋은 곡선을 위해서는 상상의 원안에서 시작하여 돌려서 위쪽으로 다시 돌아 나온다는 느낌으로 짠다.

b. S 소용돌이

손목의 힘을 이용하여 모양곡선을 만들고 그 끝은 점점 가늘어지게 한다.

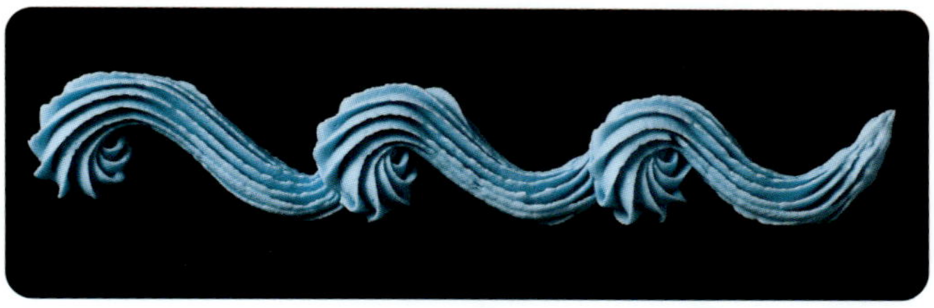

c. S와 C 소용돌이

S 소용돌이를 짜서 곡선이 같은 거리로 있도록 한다. C 소용돌이를 짠다. 다시 지속되는 원이 있다고 생각하고 원의 중심에서 시작하여 줄기로 나와 끝을 가늘게 해준다. 이것이 소용돌이의 기본 구조이다.

d. 통 모양 소용돌이

여기에는 세 가지 기본 방법이 있다. 모두 동일한 모양이니 본인에게 적합한 방법을 찾아본다. 만약 케이크 위에 짜준다면 종이 본 또는 자를 사용하여 같은 규격의 소용돌이가 되도록 할 수 있다.

① 줄 짜기를 사용하여 얇은 선으로 시작한 다음 중심에 갈수록 더 두껍게 짜준 뒤 마무리에서 줄여준다.

② 얇은 선에서 시작하여 둥굴려주기의 규격을 늘렸다가 전과 비슷하게 줄여준다.

③ 파이핑 백을 둥글려주기 보다 압력을 이용하여 간단하게 원하는 모양이 되도록 앞뒤로 짜준다.

e. 줄짜기 방법을 이용한 S와 C 소용돌이

- S 소용돌이 : 섬세한 줄 짜기를 시작한 뒤 앞부분에서 굵어지고 끝으로 갈수록 가늘게 마무리한다.
- C 소용돌이 : 소용돌이의 중심에서 시작해서 튜브를 반시계 방향으로 둥글린다. C 모양을 짠 뒤 줄기의 끝을 가늘게 해준다.

f. 이중 소용돌이

좌측에서부터 소용돌이를 짠다. 만약 오른손잡이라면 오른쪽에서 왼쪽으로 가는 것이 가장 어려운 소용돌이일 것이다. (만약 왼손잡이라면 반대상황이 될 것이다.) 이를 쉽게 하기 위해서는 케이크를 반시계 방향으로 45° 로 몸에서 바깥으로 기울여주면 파이핑을 몸 가까이까지 짤 수 있다. 이번에는 우선 S 소용돌이를 반시계 방향으로 돌려짜준다. C 소용돌이를 시계방향으로 짜준다. 항상 소용돌이가 중심을 향하도록 한다. 마지막으로 작은 끝 모양을 짜준다.

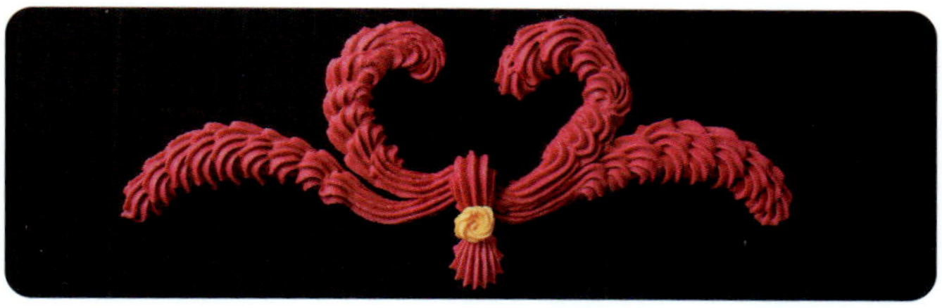

g. C 소용돌이 발전시키기

① C 모양으로 시작해서 이를 케이크의 옆면 또는 윗면에 연결해서 짜준다. 소용돌이의 뒷부분에서 시작해서 작은 S 소용돌이를 짜준다. 다음 각 C 소용돌이 아래에 S 소용돌이를 짜준다.

② 튜브를 사용해서 C 소용돌이를 덧대어 짜준다. S 소용돌이 위에서 시작해서 반대로 역방향의 S 소용돌이를 각 소용돌이 위에 짜준다. 각 단계를 케이크의 처음부터 끝까지 반복하는 것이 더 빠르고 더 나은 모양과 일정한 간격을 준다.

③ 아래의 S 소용돌이 위에 더 짜준 뒤 케이크의 끝까지 반복한다. S 소용돌이 의 끝부분을 반드시 가늘게 해줘야 한다. C 소용돌이 위에 반시계 방향으로 덧대어 줄 모양으로 짜준 뒤 마무리 한다.

h. S와 C 소용돌이 발전시키기

파이핑백을 돌려가면서 S 소용돌이를 줄짜기 효과를 주듯이 만들어준다. 그리고 튜브를 들어 끝을 선의 마지막 부분에 떨어뜨린다. 이 방법은 좋은 마무리를 할 수 있게 해준다. C 소용돌이를 덧짜주기 위해서는 가는 선부터 시작해서 중간에는 굵어지다가 선이 만나는 부분에 다다르면 백을 살짝 들어 소용돌이의 끝부분을 점차 짜준다. 짜여진 선들은 같은 줄기의 한 점에서 끝나야 한다.

일반적인 튜브를 사용하여 소용돌이의 끝부분을 덧 짜주고 끝으로 갈수록 가늘어지게 한다. 이러한 방법을 C 소용돌이에도 반복해준 뒤 소용돌이 가장자리의 끝으로 갈수록 가늘어지도록 한다.

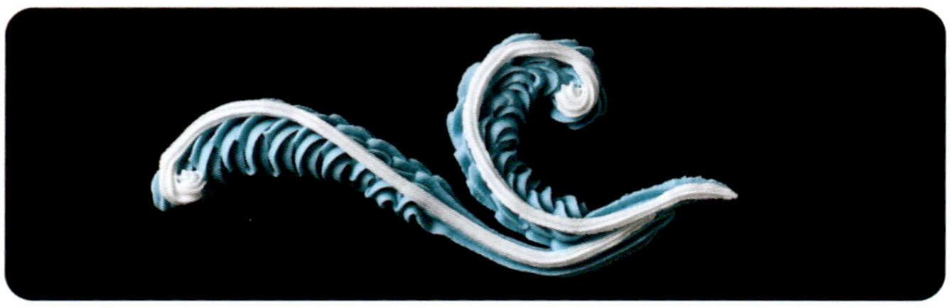

i. 격자 짜기

격자 짜기가 조화를 이루는 디자인은 사각케이크의 모서리 부분에 소용돌이의 무거운 느낌을 가볍게 해줄 수 있어 유용하다

S와 C 소용돌이에 격자 짜기를 하기위해서는 선을 표시하고 일반적인 S 소용돌이를 짜준 뒤 C 소용돌이를 짜준다. 단순한 C를 만들기 위해 중심에서가 아닌 대각선 방향으로 시작하며 끝은 S와 같이 맞춘다.

소용돌이를 줄 짜기로 덧 짜주며 동일한 끝부분을 가늘게 해준다.

C 소용돌이에 줄 짜기 방법으로 더 높게 덧 짜준다.

격자 짜기를 하기위해서는 아이싱을 약간 단단한 정도로 해주며 필요하면 색을 넣어준다. 새로 만들어둔 신선한 아이싱을 튜브가 있는 파이핑 백에 넣어준다. 곧게 짜주며 일정한 각도로 평행이 되도록 한다. 소용돌이의 윗부분에서 시작해서 소용돌이가 만나는 부분까지 계속 짜준다. 반대편도 이를 반복해주고 적당한 각도로 케이크를 기울여주면 짜기가 쉬워진다.

C 소용돌이의 곡선부분에 격자 짜기를 더해주고 평행이 되도록 한다. 격자 짜기가 완성되면 No.2 튜브 줄 짜기로 덧 짜준다. 또한 No.2 튜브를 이용하여 줄 위에 선을 짜준다.

중간에 맞물리는 부분을 가리기 위해 작은 가리개를 짜준다.

j. 꽃줄장식

케이크 주변에 꽃줄장식 모양을 짜 줄때는 케이크 사이즈에 적당하도록 케이크를 적절하게 나눠서 짜야한다. 여기서 설명하는 디자인은 윗면, 옆면, 아랫면 모두 적합하게 사용할 수 있다.

통모양 소용돌이와 동일하게 꽃줄 장식을 짜주나 약간의 곡선을 넣어야 한다.

확실한 모양을 잡아주기 위해 No.2 튜브로 색상이 나타나도록 덧짜주는 것도 괜찮다.

k. 연속 소용돌이

케이크의 윗면 끝에서 시작해서 선과 줄 짜기를 해준 뒤 끝을 따라 선을 짜준다. 케이크의 끝부분에서 시작해서 다시 S 소용돌이의 중심으로 돌아온다. 그 다음 가늘고 두껍고 가늘게 짜준다. 밑 부분에 선 짜기를 해준다.

각각의 S 소용돌이의 중간에 일반 No.3 튜브를 사용해서 윗면에 S 소용돌이를 넣어준다. 윗부분에 줄 짜기를 해준 뒤 이번에는 각 S 소용돌이의 끝점에서 시작한다.

⑨ 줄짜기와 덩굴 짜기

줄 짜기를 사용하여 얇은 선으로 시작한 다음 중심에 갈수록 더 두껍게 짜준 뒤 마무리에서 줄여준다. No.2 튜브로 다른색의 덩굴 문양을 짜준다.

⑩ 혼합짜기

줄 짜기를 사용하여 얇은 선으로 시작한 다음 중심에 갈수록 더 두껍게 짜준 뒤 마무리에서 줄여준다. 아랫부분에 작은 구슬 짜기와 선 짜기를 한다.

⑪ 도드라진 격자 채우기

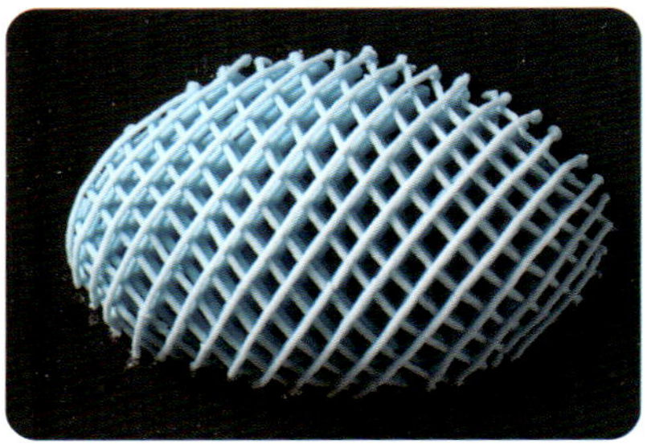

파이핑 백에 압력을 가하여 간단하게 원하는 모양이 되도록 앞뒤로 짜준다.

No.3, No.2, No.1 튜브 순으로 사선 짜기를 반복하여 깊이가 느껴지는 문양을 만든다.

⑫ 연속조개위에 짧은 덩굴 짜기

조개모양을 연속 짜고 그 위에 No.2 튜브로 짧은 덩굴짜기를 해준다.

⑬ 변형 소용돌이와 덩굴 짜기

처음에 굵게 짜고 차츰 가늘게 S 형태로 짜고 그 위에 원형 No.3 튜브로 소용돌이 짜기를 한 후 No.2 원형 튜브로 덩굴 짜기를 한다.

⑭ 연속 조개위에 S 짜기

조개모양을 연속 짜준 후 그 위에 S자 형태로 짠다.

⑮ 연속 조개위에 나뭇잎 짜기

조개 모양을 연속으로 짜준 후 그 위에 작은 나뭇잎을 짠다.

5) 구슬 짜기

각각 다른 규격의 원형 튜브로 약간 묽은 로얄 아이싱을 수직으로 일정한 간격을 유지하며 짜서 구슬 모양을 만든다.

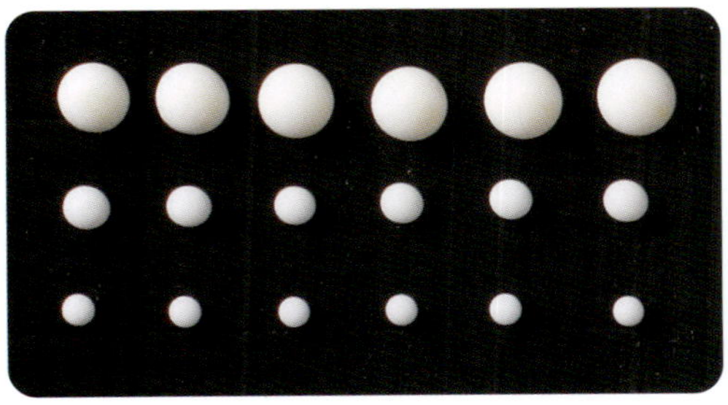

6) 구슬과 선과의 조화

3번 원형튜브로 구슬 모양을 짜고 아랫부분에 No.2 튜브로 곡선을 짠다.

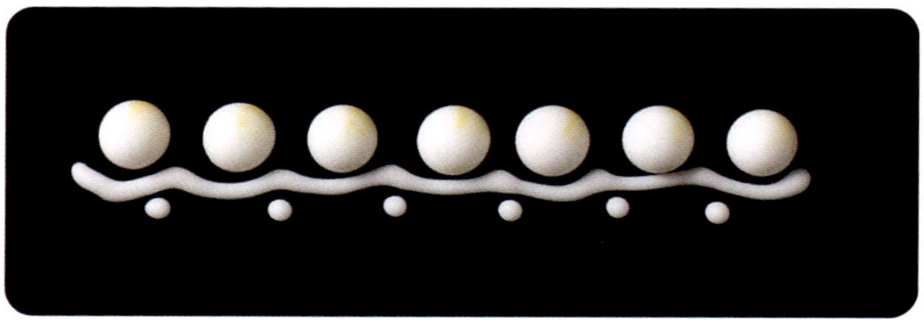

7) 꽃잎 짜기

꽃 짜기 튜브를 이용하여 왼쪽부터 꽃잎을 시계방향으로 연이어 꽃모양으로 짠다.

8) 레터링

밑그림 위에 OHP필름을 놓고 이형제(離形劑)를 바른 후 가장자리를 먼저 짜주고 안쪽 여백을 고르게 채워가며 짜준다.

① 한글 런아웃 레터링

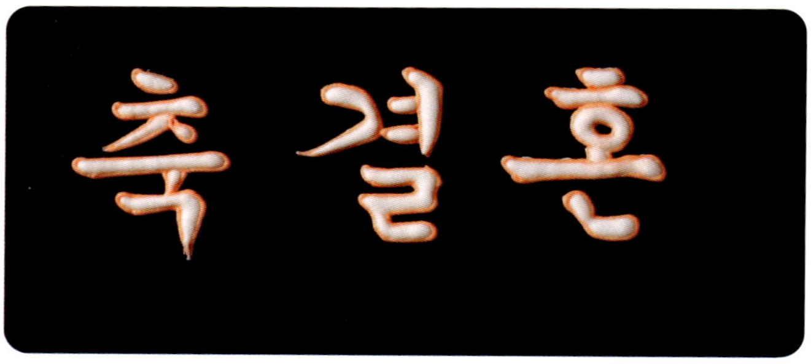

② 영문 런아웃 레터링

③ 원형튜브를 이용한 레터링

9) 여러가지 아이싱 수놓기

06. 슈가 크래프트의 여러 가지 방법

1) 슈가 페이스트를 이용한 방법

① 슈가 플라워(sugar flower) : 생화와 흡사한 컬러감이 살아 있어야되며 부케등을 엮어 데코할때는 색의 조화는 물론 섬세함까지 나타내야 좋은 작품이라 할 수 있다.

② 프릴(frill) : 대표적으로 직선 프릴과 원형 프릴의 도구를 사용할 수 있는데 다른 기법과 함께 표현하여 작품의 특성을 극대화할 수도 있다. 이때 주름은 얇고 곡선이 자연스러워야 한다.

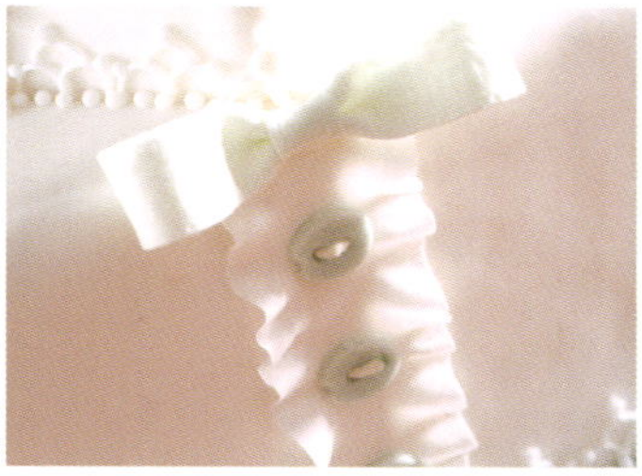

③ 퀼트(quilt) : 퀼트는 볼륨감과 컬러의 조화가 중요하다.

④ 주름잡기(a plaits) 슈가 페이스트를 얇게 밀어 마치 실크천이나 무명 천을 이용한 것처럼 자연스러운 주름 모양을 표현한다.

⑤ 누빈모양 표현하기 : 무늬가 있는 도구를 이용하여 무작위 찍기로 표현한다.

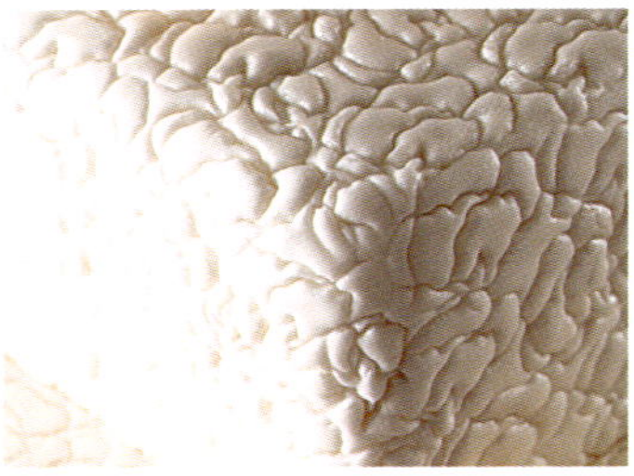

⑥ 스모킹 방법(smocking method) : 주름무늬 롤링 핀과 핀셋을 이용한 다양한 변화된 모양들을 표현할 수 있다.

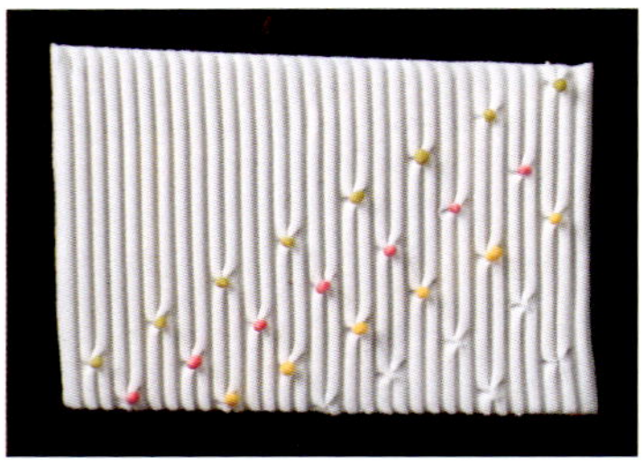

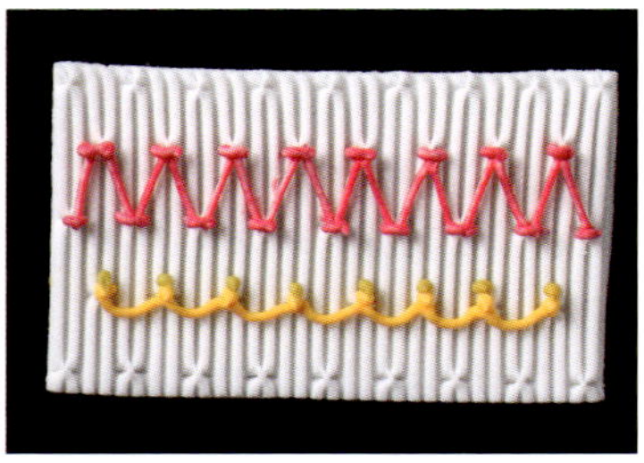

⑦ 리본 표현하기 : 슈가 페이스트를 얇게 밀어 무늬 롤링 핀을 이용하여 무늬를 만들고 알맞은 길이와 넓이로 잘라 리본을 만든다.

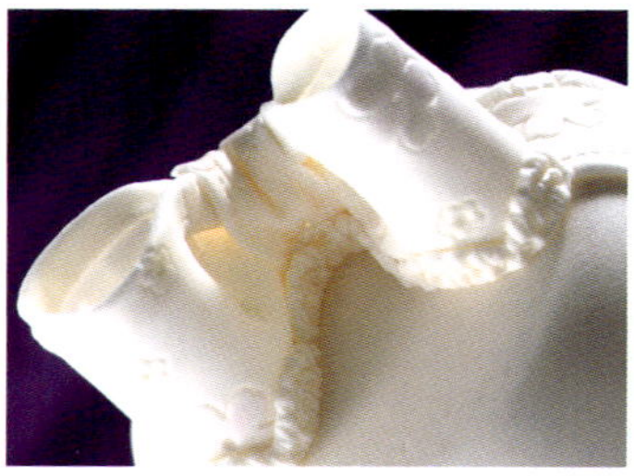

⑧ 슈가 페이스트 감아 표현하기(rolled sugarpaste) : 슈가 페이스트를 얇게 밀어 미니 스모킹 핀으로 무늬를 만들고 알맞은 넓이와 길이로 잘라 돌돌 감아서 꽃이나 인형 등을 만든다.

2) 모델링 반죽을 이용한 방법

두꺼운 조형물이나 동물, 식물 등을 만들때 이용되는 기법이다.
(예 : 액자, 노리개, 강아지, 곰, 나무, 마차, 구두, 과일, 인형 등)

3) 파스티아주(pastillge)

검류와 섞어 반죽한 것으로 슈가 페이스트가 건조되었을 때 매우 단단하며 두께가 있는 장식이나 대형 조형물을 만들기에 적합하다.

4) 스텐실(stencil)

스텐실은 분말 색소를 이용하거나 로얄 아이싱 등으로 표현 하는 방법으로 분말 색소를 이용할 때는 그라데이션의 자연스러운 컬러감을 살려 주어야 하며 로얄 아이싱으로 표현할때는 입체감과 컬러감을 함께 표현할 수 있다.

5) 로얄 아이싱을 이용한 방법

① 레이스(lace)

레이스 장식은 크고 작은 케이크에 관계없이 광범위하게 사용되는 기법으로 튜브의 굵기나 모양에 따라 다양하고 섬세하게 나타낼 수 있는 방법이다. 밑그림을 그리고 유산지나 OHP 필름위에 올려 그림대로 짠 후 건조시켜 원하는 위치에 붙인다.

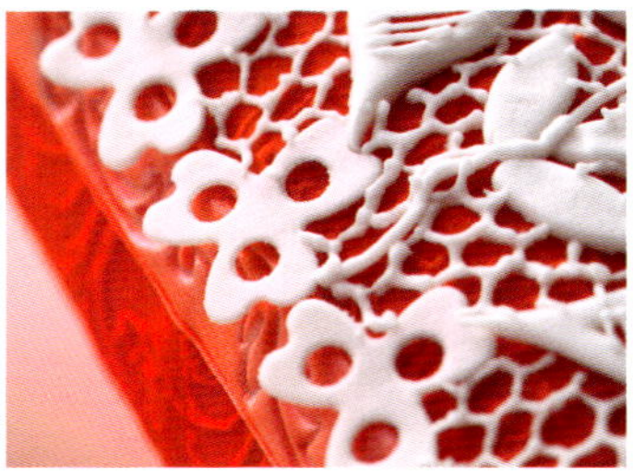

② 익스텐션(extension work)

확장 작업은 데커레이션에 매우 섬세한 작업형태 중의 하나로 일정한 간격의 다리(bridge)와 선(pipe)으로 구성된다. 이 작업을 하기 위해서는 인내심이 필요하고 고난이도의 작업에서 매우 섬세하게 하는 것이 필수적이다.

이 작업은 케이크의 모양과 사용될 다른 형태의 데코레이션을 완성하기 위해 디자인되어야 하고 특징적 요소들은 균형 잡힌 디자인을 만들기 위해 함께 계획되어야 한다.

③ 크로스 스티치(cross stitch)

아주 가는 튜브(No.00, No.000)를 이용하여 여러 가지 컬러 로얄 아이싱을 X자 모양으로 수를 놓듯이 짜서 표현하는 방법이다. 이 작업을 하기 위해서는 인내심이 필요하고 고난이도의 작업에서 매우 섬세하고 정교하게 짜는 것이 필수적이다.

④ 런 아웃(run-out)

런 아웃 설탕 장식은 장식적이고 매력적이므로 어떤 케이크에도 가시적 효과를 더해주는 기법이다. 방금 저어준 로얄 아이싱을 사용하여 퍼짐성과 선, 점 등을 표현하는 방법이다.

⑤ 브러쉬 엠브로이더리(brush embroidery)

자신만의 디자인을 특별한 효과로 표현할 수 있는 기법으로 아이싱을 원하는 모양으로 짜고 물이 묻은 붓으로 로얄 아이싱을 중심부로 쓸어내려가며 만드는 방법이다.

⑥ 튜브 엠브로이더리(tube embroidery)

튜브를 이용하여 여러 가지 컬러 로얄 아이싱으로 수를 놓듯이 짜서 표현하는 방법으로 이 작업을 하기 위해서는 인내심이 필요하고 고난이도의 작업에서 매우 섬세하고 정교하게 입체적으로 짜는 것이 필수적이다.

⑦ 레터링(lettering)

로얄 아이싱으로 다양한 튜브와 컬러를 이용하여 다양한 글씨체를 표현한다.

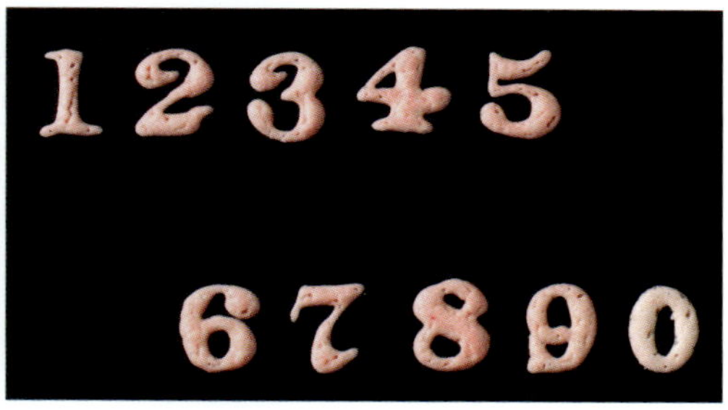

⑧ 튈(tulle)

베일용의 얇은 명주 그물을 이용하는 방법으로 원하는 문양대로 로얄 아이싱으로 직선, 곡선, 점, 런 아웃 등으로 문양을 만든다.

⑨ 필리그리(filigree)

코넬리 워크(cornelli work)라고도 하는 이 기법은 로얄 아이싱을 일정한 부분에 미로처럼 지그재그로 짜서 무늬를 만드는 기법으로 튜브의 규격에 따라 질감을 달리 표현할 수 있다.

⑩ 브로이더리 앙글레즈(brodarie anglaise)

건조되지 않은 표면에 작은 롤링 핀을 이용하여 꽃 모양이나 잎 모양 홀을 만들어주고 그 가장자리에 로얄 아이싱을 짜서 문양을 만들어 주는 방법이다.

6) 젤라틴 꽃 만들기

① 젤라틴을 물과 함께 불린 후 중탕하여 액체와 시킨다.
② 위 ①에 식용색소를 넣어 각각의 색을 만들어 놓는다.
③ 와이어를 꽃잎 모양으로 만들어 색이 있는 젤라틴을 찍어 피막이 형성되도록하여 건조시켜 엮어 준다.

07 후르츠 케이크

1) 리치 후르츠 케이크(rich fruit cake)

+재료(지름 20cm×높이 10cm 원형)

- 여러 가지 건조과일과 견과류 850g
- 버터 200g
- 밀가루 250g
- 당절임 체리 90g
- 흑설탕 200g
- 아몬드 분말 60g
- 브랜디 40g
- 달걀 200g
- 향신료 2g

※굽는 시간 : 3시간 30분 ~ 4시간

+만드는 법

01_ 건조과일, 견과류를 잘게 자른 절임 체리를 브랜디와 섞어 몇 시간동안 스며들 때까지 둔다.

02_ 오븐을 140℃로 예열하고 팬에 약간의 기름칠을 해주고 바닥과 옆면에도 유산지를 깔아준다.

03_ 버터와 설탕이 잘 섞일 때까지 믹싱해 준다. 달걀을 하나씩 넣어줄 때마다 잘 섞어주고 큰 볼에 옮겨서 체에 친 밀가루, 향신료와 아몬드분말을 넣고 브랜디에 재워둔 건조과일도 넣어 저어준다.

04_ 팬에 넣어주고 윗면을 고르게 펴준 후 팬을 살짝 쳐서 반죽에 남아있는 공기를 표면으로 올려 제거해준다.

05_ 거의 구워질 무렵 원한다면 약간의 브랜디를 케이크에 뿌려줘도 괜찮다. 달라붙지 않는 베이킹 페이퍼로 덮어준 후 호일로 싸서 팬에서 식을 때까지 둔다.

보관방법_식은 후 팬에서 꺼내 비닐 랩으로 꼭 감아준다. 서늘하고 건조한 곳 또는 냉장고는 6개월, 냉동고는 3년 동안 보관할 수도 있다.

2) 라이트 후르츠 케이크(light fruit cake)

+재료

- 여러 가지 건조과일과 견과류 500g
- 믹스필 30g, 건살구 125g
- 브랜디 40g
- 버터 315g
- 중백당 315g
- 달걀 240g
- 밀가루 375g
- 향신료 2g

※굽는시간 : 3시간 ~ 3시간 30분

+만드는 법

01_ 브랜디와 섞어준 건조과일, 혼합 필, 살구를 몇 시간 동안 스며들 때까지 둔다.

02_ 오븐을 140℃로 예열하고 팬에 약간의 기름칠을 해주고 바닥과 옆면에 유산지를 깔아준다.

03_ 버터와 설탕이 잘 섞일 때까지 믹싱해주고 달걀을 하나씩 넣어줄 때마다 잘 섞어 준다.

04_ 큰 볼에 옮겨서 체에 친 밀가루, 향신료를 넣고 재워둔 건조 과일을 섞어 저어준다.

05_ 팬에 넣어주고 윗면을 고르게 펴준 후 팬을 살짝 쳐서 반죽에 남아있는 공기를 표면으로 올려 제거해 준다.

06_ 다 구워진 다음 원한다면 약간의 브랜디를 케이크에 뿌려줘도 괜찮다. 달라붙지 않는 베이킹 페이퍼로 덮어준 후 호일로 싸서 팬에서 식을 때까지 둔다.

보관방법_식은 후 팬에서 꺼내 비닐 랩으로 꼭 감아서 보관하면 냉장고는 2주, 냉동고는 1년 동안 밀폐용기에 보관할 수 있다.

3) 여러가지 건조 과일과 견과류

① 건조블루베리

② 피칸

③ 건조크린베리

④ 호두

⑤ 레몬필

⑥ 건포도

① 마카다미아

② 아몬드

③ 피스타치오

④ 캐슈넛

⑤ 건조 무화과

⑥ 헤이즐넛

08. 여러 가지 슈가 크래프트 케이크 커팅방법

- 웨딩 케이크를 커팅할 때는 맨 아랫단 케이크를 커팅하는데 이런 상징적인 행동은 신랑과 신부가 하나의 결합체로서 과제를 수행했다는 의미가 있다.
- 웨딩 케이크의 맨 윗단은 결혼 1주년 기념일을 위해 보관한다.
- 웨딩 케이크 등 여러 단이 있는 슈가 크래프트 케이크는 맨 윗단을 분리한 뒤 두 번째 단부터 잘라 손님께 서빙한다.
- 슈가 크래프트 케이크는 측면을 한번 잘라주고 두께 1인치(inch)×길이 2~3인치(inch) 정도의 조각으로 잘라 서빙(serving)하는것이 보편적이다.

1) 원형 케이크

① 원형 케이크를 자르기 위해서는 바깥쪽 부분부터 안으로 2인치(inch) 안쪽을 원으로 절단한 후 원안을 1인치(inch)씩 분할한다.

② 더 작거나, 큰 크기의 조각으로 접대를 원하더라도 자르는 순서는 동일하다.

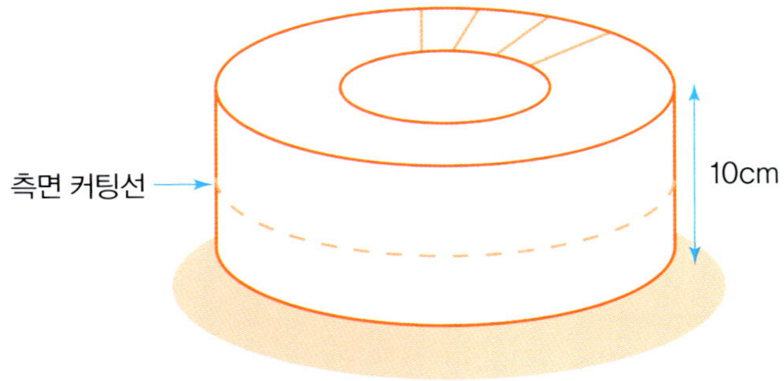

원형 윗부분 커팅선

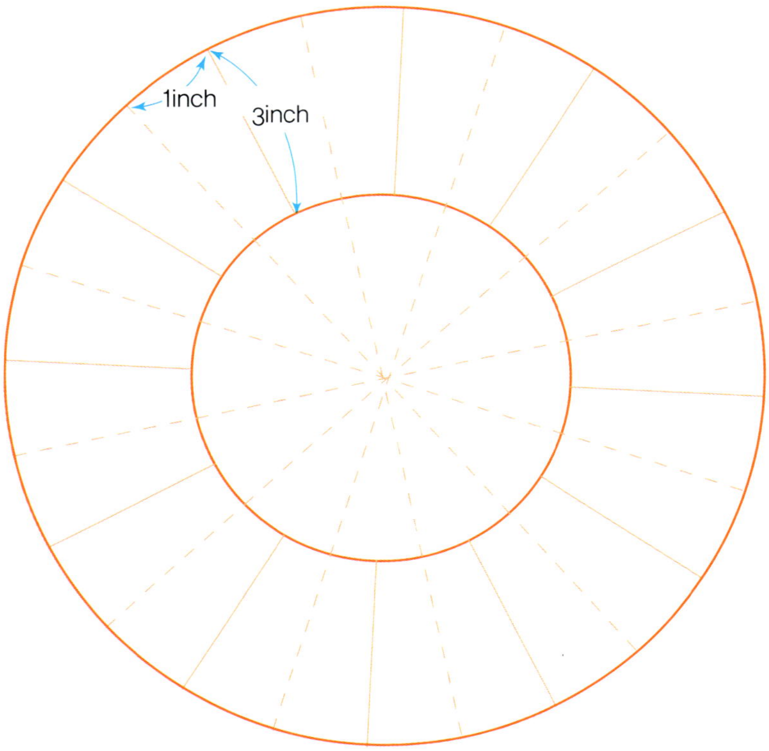

2) 사각형 케이크

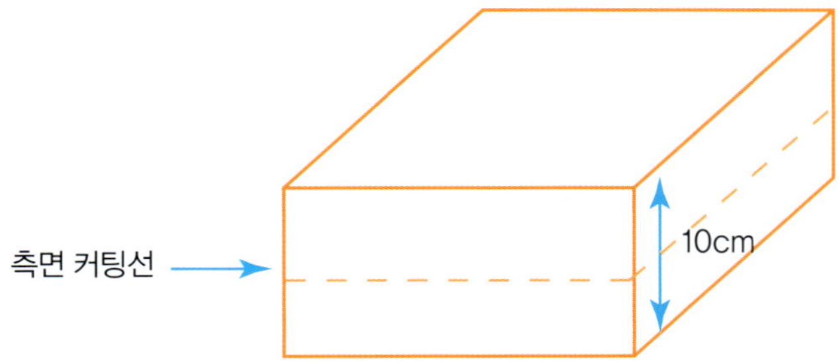

사각형 윗부분 커팅선

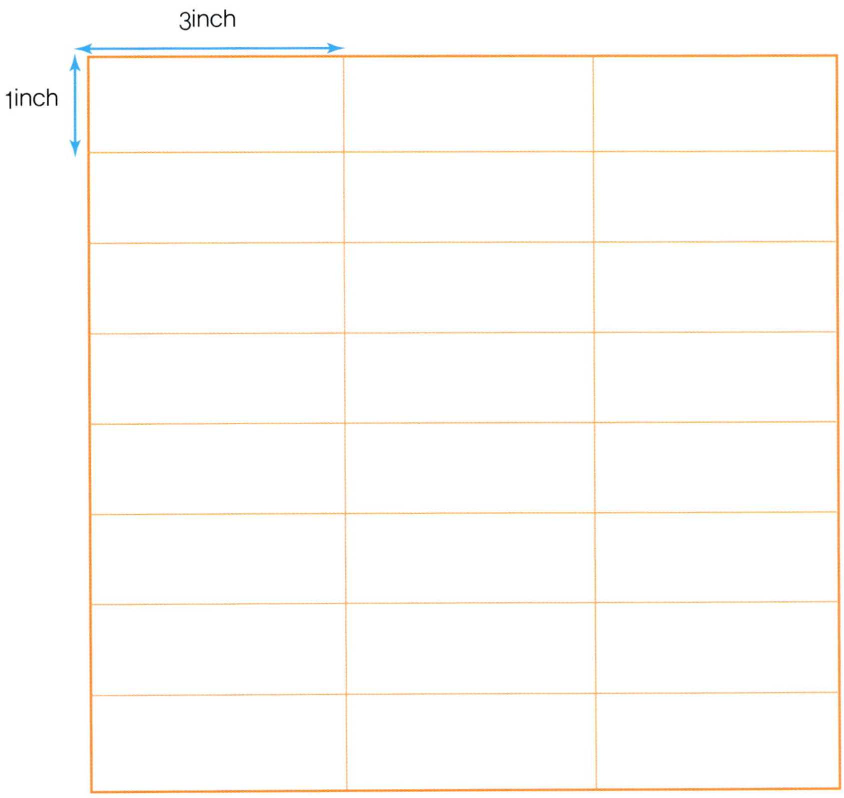

3) 하트형 케이크

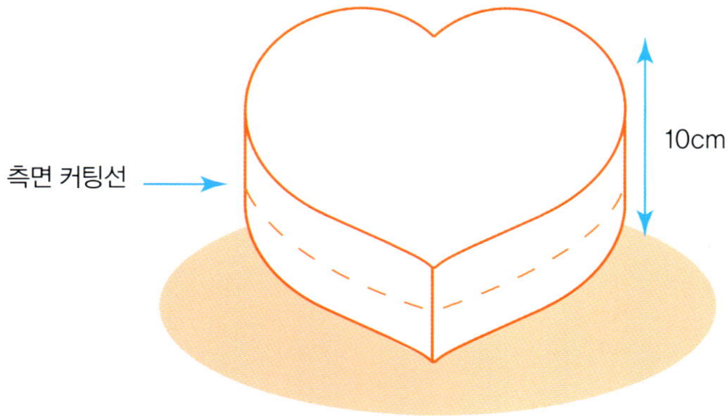

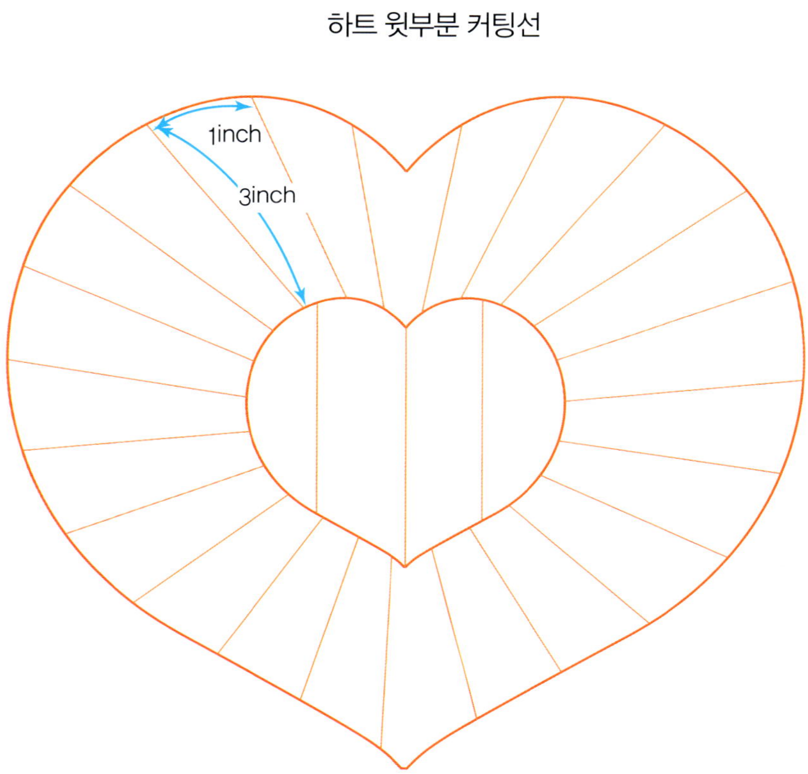

이종열의 작품사진

Sugar craft gallery and decoration

°°01 달콤한 성 sweet castle

성을 만들때는 먼저 여러 가지 자료 조사를 스케치하여 모형을 대강 만들어 본 후 본격적으로 슈가 페이스트로 건축을 시작한다. 성의 안밖에 램프를 넣으려면 성을 만들기 전에 디자인을 치밀하게 구상하고 전선을 배치할 곳을 미리 정한 후 작업을 시작해야 실패하지 않는다.

01_ 집을 지을 때 터를 잘 다지듯 밑면을 먼저 만들고 슈가 페이스트를 밀어 모양 위에 덮어 단단히 건조시킨다.

02_ 1층 측면 알맞은 위치에 기둥을 세우고 창을 낸 측면을 각각 따로 만들어 건조시키며 실내에 들어갈 가구 등 소품을 만들어 먼저 1층 실내에 고정시킨 후 1층 벽면을 붙인다.

03_ 2층 벽면과 돔을 따로 만들어 건조시켜 가며 2층 실내에 들어갈 가구(침대 등 제작해 놓은 것) 들을 고정 배치한 후 벽면과 돔을 붙인다.

04_ 3층의 돔들도 따로 만들어 건조시키고 돔 아래 육각형의 탑을 알맞은 위치에 창을 만들어 가며 벽면을 만들고 완전히 건조가 되면 돔을 얹어 고정시킨다.

05_ 탑 위의 장식들을 각각 따로 만들어 건조 시킨 후에 고정하고 탑 가장자리 장식은 반 건조시켜 붙인다.

06_ 성 앞면의 천사들을 몰드로 떠낸 후 가장자리를 매끄럽게 다듬어 건조시켜 고정 배치한다.

07_ 성 앞의 다리를 만들어 건조시킨 후 계단에 연결하여 고정시켜 주고 다리 가장자리는 로얄 아이싱을 이용하여 난간을 만들어 붙인다.

08_ 연못은 입자가 굵은 투명 설탕에 파란 색소를 입혀 고르게 펴 붙인다.

09_ 창가의 레이스 장식은 따로 도안을 그려 OHP 필름에 로얄 아이싱 레이스를 짜서 건조한 후 각각의 창 위쪽에 아이싱으로 고정·부착한다.

02 퀸 queen

케이크를 만들기 전에 안정적 균형과 색채감을 확인하기 위해 스케치를 해보고 모형을 만들어 쌓아 본다. 섬세한 레이스장식을 하려면 아이싱 짜기 연습에 많은 시간을 투자해야 한다.

01_ 먼저 맨 아랫단의 타원형 모양의 케이크를 2단으로 다듬어 여백이 안정적인지 쌓아 본다.

02_ 3단과 4단에 올릴 태극 모양의 케이크를 다듬어 위치를 확인 해보고 마지막 5단에 올릴 케이크를 타원형으로 다듬어 놓는다.

03_ 미니 덩굴장미 만들기

① 봉오리를 만들어 미니 롤링 핀(mini rolling pin)으로 끝부분을 밀어 편 후 돌돌 말아준다.

② 미니장미 꽃 틀로 밀어 편 슈가 페이스트를 찍어낸 후 셀 패드(cel pad) 위에서 가장자리에 웨이브를 만들고 꽃잎 가운데에 볼륨을 만든다.

③ 아래 ㉠번 그림과 같이 S자 형태로 붓을 이용하여 물을 칠한 후 꼭지점 높이에 맞게 여미어 붙인다.

④ 장미꽃 커터(rose cutter)로 찍어낸 장미꽃잎 중 한 잎을 잘라내고 웨이브와 볼륨을 만든 후 아래 ㉡번 그림과 같이 순서대로 붙이고 가장자리를 바깥쪽으로 넘긴다.

⑤ 꽃모양 틀로 찍어낸 장미꽃잎에 위와 같이 웨이브, 볼륨을 만들어주고, 아래 그림 ㉢과 같이 꽃잎을 붙이고 가장자리를 바깥쪽으로 넘겨주며 볼륨감을 살려 풍성한 장미꽃을 표현한다.

⑥ 초록색 반죽과 흰색 반죽을 밀어 펴고 꽃받침 커터(rose calyx cutter)로 찍어내고 각 받침마다 볼륨을 만들고 가장자리를 공예용 미니 가위(craft scissors)로 조금씩 잘라 꽃 아래쪽에 붙이고 씨방도 만들어 붙인다.

⑦ 장미꽃잎 붙이는 순서

㉠

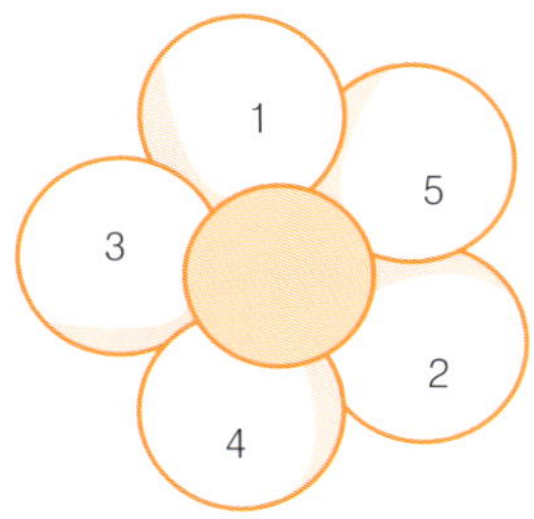

㉡

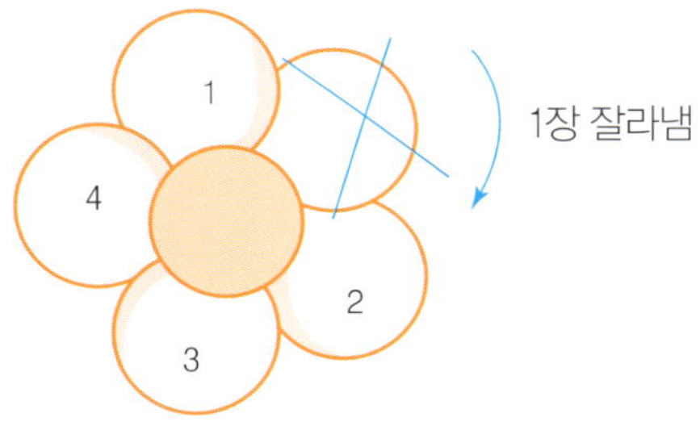

㉢

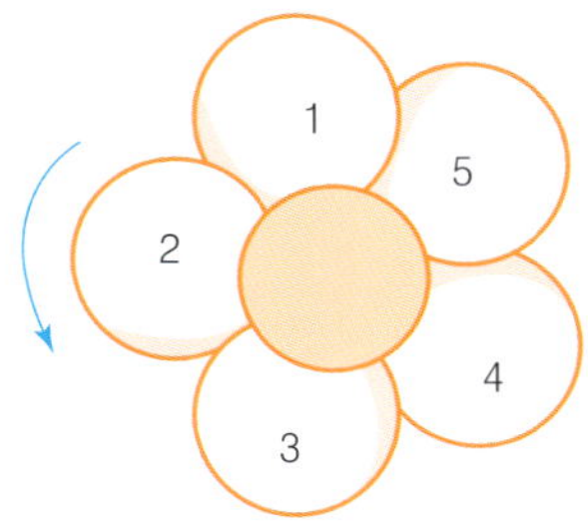

Tip
빗금친 부분은 접착용 물을 칠하는곳 이며 그림과 같이 아라비아 숫자 순서대로 붙인다.

⑧ 연초록색 슈가 페이스트로 초록색 미니장미 잎을 만들고 잎에 더스팅 컬러(powdered dust color)를 칠해 사실감을 준 후 플로랄 테이프(floral tape)를 이용하여 엮어 준다.

04_ 레이스 만들기

① 케이크의 높이와 위치에 알맞게 레이스를 스케치하여 평면에 여러 번 연습을 해본 후 케이크 가장자리에 선의 강약을 조절해 가며 무늬 파이핑을 해준다.

② 로얄 아이싱 파이핑을 할 때는 곡선과 간격을 적절히 배열해 나가야 하며 선의 굵기를 모양에 맞게 조절하며 바꿔 줘야 선의 섬세함을 나타낼 수 있다.

③ 케이크 하단의 로얄 아이싱 레이스는 OHP 필름 위에 짜서 건조시킨 후 하나하나 떼어 내 케이크 측면에 고정 배치한다.

05_ 케이크 세팅하기

① 케이크 하단을 안정적인 위치에 고정시키고 태극모양의 3~4단 케이크를 얹을 위치에 받침을 흔들리지 않도록 고정시킨 후 케이크를 올린다.

② 중앙 부분에 5단 케이크 받침을 놓고 최상단 케이크를 올린 후 탑에 신랑신부를 놓는다.

③ 마지막으로 덩굴 미니장미를 케이크 받침에 장식하여 마무리 한다.

03 봄의 신부

이 케이크는 서울 세계음식 박람회 국제부문 웨딩케이크에서 금상을 획득한 작품이다. 파스텔톤의 핑크색 계열로 익스텐션 기법을 이용하여 종모양으로 측면 장식을 했고 꽃을 섬세하게 표현하려 많은 노력을 기울인 작품이다.

01_ 심비디움 만들기

① 흰색 와이어를 적당한 길이로 잘라 놓는다.

② 흰색 플라워 페이스트를 타원형으로 만들어 셀 보드(cel board)의 홈에 눌러준 다음 돌출된 부분에 와이어를 끼워주고 다시 셀 보드(cel board)의 홈 부분에 놓고 얇게 밀어 펴준다.

③ ②를 심비디움 커터(cymbidium orchid cutter)로 찍어내고 볼 툴(ball tool)을 이용하여 좀 더 얇게 펴준 후 셀 패드(cel pad)위에 올려 놓고 가장자리에 웨이브를 만든다.

④ 암술꽃잎과 안쪽꽃잎 바깥쪽 꽃잎을 각각 위와 같은 방법으로 만들어 곡선으로 살짝 건조시킨 후 수술과 꽃잎 가운데에 더스팅 컬러(powdered dust color)를 칠해준다.

⑤ 암술과 수술이 서로 마주보도록 엮어 고정시키고 나머지 꽃잎을 좌우를 맞춰가며 한 송이의 꽃으로 엮어준다.

02_ 장미 만들기

(51p 장미 꽃잎 붙이는 순서 그림 참조)

① 와이어를 잘라 끝에 고리를 만들어준다.

② 슈가 플라워 페이스트로 물방울 모양의 봉오리를 만들어 ①의 고리를 끼워 놓는다.

③ 플라워 페이스트를 밀어 펴 장미꽃 커터(rose cutter)로 찍어내고 가장자리에 웨이브와 볼륨을 만들어 주고 봉오리에 붙인다.

④ 일정한 간격에 맞춰 붙인 꽃잎을 뒤쪽으로 쓰다듬듯이 하여 자연스러운 꽃잎을 표현한다.

⑤ 바깥쪽으로 갈수록 볼륨이 있는 꽃잎을 붙여야 풍성한 장미를 만들 수 있다.

⑥ 초록색 슈가 페이스트로 꽃받침을 만들고 볼 툴(ball tool)로 볼륨감을 주며 가장자리를 공예용 미니 가위(craft scissors)로 오려준 후 장미 아래쪽에 붙인다.

⑦ 꽃받침 아래쪽에는 로즈 힙(씨방)을 붙여 장미꽃을 완성한다.

03_ 은방울꽃(lily of the valley)만들기

① 플라워 페이스트 0.5g을 작은 아기 모자모양으로 만들고 주변을 미니 롤링 핀(mini rolling pin)으로 밀어 펴준 뒤 은방울꽃 커터(lily of the valley cutter)로 찍어낸다.

② 작은 볼 툴(ball tool)을 이용하여 중앙부분 부터 조금씩 방울모양으로 공간을 넓혀준다.

③ 꽃술을 한가운데에 꽂아 고정시킨다.

④ 아직 피지 않은 꽃봉오리는 꽃 반죽을 둥글려 꽃술에 고정시키고 팔레트 나이프(palette

knife)를 이용하여 꽃잎의 피지 않은 부분을 눌러 표현 해준다. 여기에 녹색 더스팅 컬러(powdered dust color)를 끝 부분에 살짝 칠한다.

⑤ 은방울꽃 엮기 : 봉오리를 작은 것부터 2~3개 먼저 윗부분에 엮어주고 차례로 활짝 핀 은방울 꽃을 엮어준다.

04_ 데이지(daisy) 만들기

① 와이어한쪽 끝부분을 2~3 바퀴 느슨하게 감아 놓는다.

② 연녹색, 연노랑 꽃 반죽을 섞어 꽃술을 만들어 놓는다.

③ 흰색 꽃 반죽을 밀어 데이지 꽃커터(daisy cutter)로 찍어내고 드레스덴 툴(dresden tool)을 이용하여 볼륨을 만들어주고 꽃술에 꽃잎을 작은 것부터 큰 꽃잎까지 엇갈리게 6겹을 붙인다.

④ 꽃받침을 붙여 마무리 한다.

05_ 한겹 안개꽃 만들기

① 흰색 꽃 반죽을 얇게 밀어준다.

② 안개꽃 커터(small blossom cutter)로 꽃을 찍어낸 후 중앙에 로얄 아이싱을 짜주고 작은 꽃 술을 중앙에 꽂아 건조시켜 몇 개씩 다발로 엮는다.

06_ 케이크 옆면 종모양 익스텐션

① 케이크 측면둘레를 일정한 간격으로 나눠 종모양의 밑그림을 표시해 둔다

② 종 아래쪽에 브릿지를 만들어 건조시킨다.

③ 종 윗부분부터 아래 브릿지까지 수직으로 일정한 간격에 맞춰 로얄 아이싱 선짜기를 해준다.

④ 종모양 선짜기가 완성되면 종 윗부분에 S자 모양을 옆으로 2개씩 짜준다.

⑤ OHP 필름위에 로얄 아이싱 레이스 짜기를 하여 건조시킨 후 종 윗부분과 케이크 아랫부분에 장식한다.

⑥ 슈가 페이스트로 작은 핑크진주를 만들어 장식한다.

07_ 부케엮기

① 슈가 페이스트로 만들어진 꽃과 잎을 엮어 케이크 윗부분에 고정하여 케이크 장식을 끝낸다.

② 꽃을 엮을때는 반달형과 S자형을 응용하여 엮는다.

08_ 케이크 세팅하기

① 높낮이가 다른 케이크 받침을 준비하여 밑판에 움직이지 않도록 고정시킨다.

② 아랫단을 올리고 중간단 2개의 케이크도 간격과 높이를 조절하며 고정시킨다.

③ 마지막 상단의 케이크 위에 S자 형태의 꽃이 잘 어울리도록 고정 배치한 후 신랑 신부 모형을 얹어 마무리한다.

04 나눔의 행복

이 케이크는 짧은 시간에 만들 수 있으며 행사가 끝난 후 답례용으로 포장하여 하객 분들께 드리기 좋은 제품으로 인기가 있다.

01_ 리본 만들기

① 얇게 밀어 편 슈가 페이스트를 1. 5cm 간격으로 길게 잘라내고 퀼팅 툴(quilting tool)또는 룰렛(roullette)을 이용하여 가장자리에 바느질한 느낌을 준다.

② 위 ①을 10cm 길이로 잘라낸 다음, 중앙에 풀칠을 한 후 양쪽 끝을 중앙에 붙여 주고 여분의 슈가 페이스트를 한 바퀴 감아 리본을 만든다.

③ 완전히 건조되기 전에 볼륨을 주는 것을 잊지 않아야 풍성한 리본을 만들 수 있다.

02_ 미니 4각 케이크 만들기

① 미니 사이즈로 잘라낸 케이크 윗부분을 잘 다듬는다.

② 위에 슈가 페이스트를 커버링하고 건조되기 전에 크림퍼(crimper)를 이용하여 무늬를 만든다. 모양 커터를 이용하여 누비 천 느낌의 질감이 나도록 찍어준다.

③ 케이크 아래쪽 가장자리에 작은 별모양 로얄 아이싱을 짜준다.

03_ 완성하기

02의 4각 케이크 위에 01의 리본을 붙인다.

05 동구밖

이 작품은 은행나무 표면의 질감을 표현하려고 수없이 많은 실험을 해본 후 나무 표면과 같은 질감의 기법을 발견해 낼 수 있었으며 잎을 만드는데 무려 2개월이 소요 되었다.

01_ 은행 잎 만들기

① 노란색 플라워 페이스트를 농담(Shading)이 다르게 2~3가지 로 만들어 놓는다.

② 밀어 편 노란색 슈가 페이스트위에 은행잎 모양 틀을 놓고 팔레트 나이프(pallette knife)로 오려낸다.

③ 베이닝 툴(petal veining tool)로 무늬를 만들고 볼 툴(ball tool)을 이용하여 가장자리에 약한 웨이브를 준다.

④ 자연건조 후 연 초록 더스팅 컬러(powdered dust color)를 붓으로 칠해 사실감을 더해준다.

⑤ 은행 열매를 만들어 잎과 함께 엮어 놓는다.

02_ 나무 만들기

① 옅은 갈색과 회색, 밤색 색소를 이용하여 슈가 페이스트를 만들어 적당한 마블 상태로 실리콘 패드(silicon pad) 위에서 밀어 편다.

② 나무 표면처럼 자연스러운 갈라짐을 만들어 주고 나무 모양 더미에 커버한다.

③ 아래쪽의 굵은 뿌리모양도 실감있게 커버 해주고 분재 화분모양 밑판에 고정 시킨다.

④ 나무 아래에 커피 슈가를 고르게 뿌려 붙인다.

03_ 벤치 만들기

① 슈가 페이스트를 3mm 두께로 밀어 펴고 자를 대고 잘라 목재 모양의 긴 슈가 페이스트 막대를 만든다.

② 의자 옆의 X자 형태도 같은 두께로 만들어 건조시킨다.

③ 건조된 슈가 막대들을 로얄 아이싱으로 붙여가며 의자를 조립한다.

④ 조립이 끝난 의자에 마치 못이 박혀있는것 처럼 작은 로얄 아이싱 구슬을 짠다.

04_ 어린이 만들기

① 먼저 다리를 만들어 건조 시키고 상체를 만들어 다리에 고정시킨다.

② 옷을 만들어 입히고 손과 발을 만들어 붙인다.

③ 얼굴을 만들고 도구로 눈, 코, 입을 만든 후 머리카락을 붙인다.

④ 상체에 머리가 떨어지지 않게 붙인 다음 머플러를 둘러줘 모양을 낸다.

05_ 완성하기

① 분재 화분 모양을 만들고 그 위에 은행나무를 고정 시킨다.

② 건조된 의자도 나무아래 적당한 위치에 고정 시킨다.

③ 나무 아래쪽에는 커피 슈가를 깔아주어 자연스러움을 더한다.

④ 적당한 위치에 아이들을 올려놓고 은행잎과 열매들을 몇 개 떨어진 것처럼 놓아 준다.

06 로얄웨딩

3단 케이크를 만들려면 먼저 어떤 모양으로 만들것인지, 어떤 형태로 쌓아 올릴것인지, 어떤 컬러로 만들것인지, 규격은 어떻게 할것인지 등을 꼼꼼히 살펴야 한다.
보통 3단 케이크 하면 수직으로 쌓아올린 케이크를 떠올리게 된다. 하지만 슈가 페이스트를 이용한 케이크는 수직뿐만 아니라 지그재그형태로도 세팅을 할 수도 있고 수직형과 좌우 양쪽으로, 또는 계단처럼 쌓아 올리기도 한다.

01_ 케이크 커버하기

① 숙성된 커버용 슈가 페이스트를 실리콘 패드(sillicon pad)위에서 롤링 핀(rolling pin)을 이용하여 알맞은 두께로 밀어 펴고 다듬어 놓은 케이크에 덮어 씌워 주름이 생기지 않도록 스무더(smoother)로 매끄럽게 눌러주며 부착시킨다.

② 여분의 반죽을 팔레트 나이프(palette knife)를 이용하여 잘라내고 스무더(smoother)로 다시 한번 더 밀착시켜 매끄럽게 해준다.

02_ 레이스 짜기

① 레이스 도안을 그려놓고 그 위에 이형제(離形劑)를 바른 필름을 얹어 놓는다.

② 알맞은 농도로 만든 로얄 아이싱을 파이핑 백(piping bag)에 넣고 도안대로 짜준다. (이때 주의할 점은 오른손잡이라면 왼쪽 윗부분부터 짜기 시작해야 파손을 줄일 수 있다.)

③ 작고 섬세한 파이핑이라면 20분쯤 후에 바로 사용 할수도 있고 조금 굵은 선으로 표현했다면 좀더 오랜 시간 건조시켜야 레이스로 활용할 수 있다.

④ 필름에서 레이스를 떼어낼 때는 테이블 가장자리 쪽에서 필름을 아래쪽으로 눌러주면 자연스럽게 로얄 아이싱 레이스가 분리된다.

⑤ 로얄 아이싱 레이스를 케이크 측면에 붙일 때는 로얄 아이싱으로 붙여야 접착도 잘되고 빠른 건조로 인해 바른 모양으로 붙일 수 있다.

03_ 나뭇잎 만들기

① 깨끗하게 해준 몰드에 슈가 페이스트를 놓고 롤링 핀(rolling pin)으로 밀어준다.

② 가장자리를 공예용 미니 가위(mini craft scissors)로 깨끗하게 정리해주고 약간의 곡선으로 건조시킨다.

③ 진주 빛과 핑크빛 더스팅 컬러(powdered dust color)를 붓으로 칠 해놓는다.

04_ 케이크 완성하기

① 커버된 케이크 표면에 먼저 몰드를 이용하여 만든 나뭇잎을 일정한 간격으로 붙인다.

② 잘 건조된 로얄 아이싱 레이스를 필름에서 떼어 내고 일정한 간격으로 고정 시킨다.

③ 케이크 탑에 준비된 꽃과 유리성등 장식물을 얹어준다.

07 목련

01_목련 만들기

① 연초록색 플라워 페이스트에 흰색 플라워 페이스트를 덧씌운 반죽을 끝이 뾰족한 원뿔 형태로 만들어 와이어에 고정시킨다.

② 가위로 표면을 잘게 잘라주어 꽃술처럼 만들어 주고 세몰리나로 만든 꽃가루를 묻혀 놓는다.

③ 와이어를 끼워준 흰색 플라워 페이스트를 얇게 밀어 놓는다.

④ 목련 꽃잎커터(magnolia cutter)로 찍어내고 잎맥을 만들어준 후 셀 패드(cel ped) 위에 올려 웨이브를 만든다.

⑤ 적당한 볼륨감과 휘어짐을 표현하고 건조시켜 꽃술이 가운데 들어가도록 엮어 준다.

⑥ 진한 녹색으로 껍질처럼 만들어 엮어주어 마무리 한다.

⑦ 위와 같은 방법으로 활짝 핀 목련과 봉오리 목련을 만들어 엮어 놓는다.

02_ 분재 만들기

① 더미를 분재 모양으로 다듬어 놓는다.

② 흰색 슈가 페이스트를 넓게 밀어펴 분재 모양 더미를 커버한다.

③ 윗부분 가장자리에 문양을 만들어 붙인다.

03_완성하기

분재모양 중앙에 완성된 목련 엮은 가지들을 꽂아 주고 표면에 커피 슈가를 마사토처럼 올려 완성한다.

08 신데렐라 마차

01_ 호박 만들기

① 호박색 슈가 페이스트를 5mm 두께로 밀어 펴고 호박 모양의 모형 위에 씌워 돌출된 부분과 홈을 만들어 건조시킨다.

② 약간 건조된 호박 옆면에 하트모양 창문을 만든다.

③ 호박 윗면과 측면에 붙일 로얄 아이싱 레이스를 짜서 건조시킨다.

④ 미니 의자를 만들어 건조된 호박 안쪽에 고정시킨다.

⑤ 천정에 작은 램프를 달아준다.

⑥ 하트 창문에 안개꽃 커터(mini blossom cutter)로 찍어낸 가리개 모양을 붙이고 커튼도 만들어 붙인다.

02_ 말 만들기

① 모델링 슈가 페이스트를 5mm 두께로 밀어 펴고 말 모양으로 오려낸다.

② 건조된 말의 측면을 도구를 이용하여 모서리를 다듬어 매끄럽게 해준다.

③ 슈가크래프트 건(sugarcraft gun)을 이용하여 말의 갈기와 꼬리를 만들어 붙인다.

03_ 바퀴 만들기

① 모델링 반죽을 7mm 두께로 밀어 펴서 원형으로 찍어낸다.

② 바퀴 살 모양을 뺀 삼각형 나머지 부분을 팔레트 나이프(palette knife)로 오려 낸다.

③ 건조 후 모서리 부분을 매끄럽게 다듬어 준다.

④ 모델링을 2mm 두께로 길게 밀어 무늬 롤링 핀(patterned rolling pin)을 이용하여 문양을 만든 후 알맞은 넓이로 잘라 바퀴에 붙인다.

⑤ 금색 분말색소(lustre dusting powder)에 알코올을 섞어 고르게 붓으로 칠한 후 건조시킨다.

04_ 유홍초 만들기

① 와이어에 꽃술을 고정시킨다.

② 노란색 슈가 페이스를 작은 멕시칸 모자모양으로 밀어주고 원형으로 찍어내어 홀이 있는 셀 패드(cel pad) 위에 얹어 가장자리에 웨이브를 만든다.

③ 중앙에 나팔모양의 홀을 만들어 주고 꽃술을 끼워 꽃자루를 만들며 고정시킨다.

④ 가장자리에 빨간색 더스팅 컬러(powdered dust color)를 해주고 하트 모양으로 만든 잎과 함께 엮어 유홍초 덩굴을 만든다.

05_ 호박 마차 완성하기

① 4개의 바퀴를 받침위에 고정시키고 호박모양을 얹어 붙인다.

② 호박 앞에 말 두 마리를 고정 배치하고 유홍초 덩굴을 이용하여 호박과 말을 연결시켜 준다.

③ 로얄 아이싱 레이스를 측면과 윗면에 붙인다.

°°09 나의 하트

이 작품은 한국인 최초로 2004년 영국 BSG(British sugarcraft gvild) 세계대회(Creative World of Sugar) 골드앤 트로피를 수상한 작품이다. 반죽만으로 표현된 장미꽃 잎맥의 사실성 퀼트 기법을 이용한 엠보싱 기법의 완성도 , 레이스의 섬세함 등이 돋보인다는 평을 받았다.

01_ 장미(Lee Rose) 만들기

① 빨간색, 주황색, 노란색 플라워 페이스트를 각각 준비한다.
② 3가지 색을 직선이 되도록 만들어 밀어준다.
③ 노란색 플라워 페이스트를 밀어 펴고 위 ②와 겹쳐 다시 한번 롤링 핀(rolling pin)으로 밀어준다.
④ 장미꽃 커터(rose cutter)로 찍어내고 가장자리에 웨이브와 볼륨을 만들어 주고 봉오리에 붙인다.
⑤ 일정한 간격에 맞춰 붙인 꽃잎을 뒤쪽으로 쓰다듬듯이 하여 자연스런 꽃잎을 표현한다.
⑥ 바깥쪽으로 갈수록 볼륨이 있는 꽃잎을 붙여야 풍성한 장미를 즐길 수 있다.
⑦ 초록색 슈가 페이스트로 꽃받침을 만들고 볼 툴(ball tool)로 볼륨감을 주며 가장자리를 가위로 오려준 후 장미 아래쪽에 붙인다.
⑧ 꽃받침 아래쪽에는 로즈 힙(씨방)을 붙여 장미꽃을 완성한다.

02_ 하트 쿠션 만들기

① 하트 쿠션모양으로 다듬어 놓은 케이크위에 일정한 간격으로 볼륨감을 느낄 수 있도록 슈가반죽을 붙인다.
② 슈가 페이스트를 밀어 펴고 퀼팅 툴/룰렛(quilting tool/ roulette)을 이용하여 일정한 간격(마름모꼴)으로 바느질 한 것처럼 선을 긋는다.
③ 쿠션모양에 커버를 덮어씌워 붙인다.
④ 가장자리에 프릴을 만들어 한 겹을 돌려가며 붙이고 두 번째 프릴은 먼저 붙인 프릴보다 5mm 높여 붙이기를 해야 볼륨감있는 레이스를 즐길 수 있다.
⑤ 완성된 쿠션에 붓으로 펄 파우더 (lustre dusting powder)을 고르게 발라주어 마치 실크 같은 느낌을 준다.

03_ 레이스 만들기

① 레이스 모양 본을 만들어 놓는다.
② OHP 필름 밑에 모양 본을 놓고 로얄 아이싱으로 레이스를 짜서 건조시킨다.

04_ 쿠션 완성하기

① 받침에 슈가 페이스트를 씌워주고 꽃 모양 엠보싱을 한 바퀴 돌려가며 찍어준다.
② 받침위에 하트 쿠션을 고정시키고 건조된 로얄 아이싱 레이스를 필름에서 조심스럽게 떼어내 쿠션 가장자리에 붙인다.
③ 오른쪽 측면에 장미꽃부케를 반달 형태로 엮어 꽂아 준다.
④ 작은 쿠션도 위와 같은 방법으로 완성하되 부케를 왼쪽에 꽂아 주어 윗단 케이크와 아랫단 케이크가 한쪽으로 치우지지 않고 균형감을 갖도록 한다.
⑤ 두 개의 금색 반지를 만들고 슈가 페이스트 리본으로 묶어 작은 쿠션에 붙여 완성한다.

10 신랑신부

01_ 신랑신부 만들기

① 모델링 페이스트로 신랑신부를 몰드에 찍어내 건조 시킨다.

② 건조된 신랑신부의 거친 가장자리를 매끄럽게 정리해준다.

③ 플라워 페이스트를 얇게 밀어 준 후 꽃무늬 롤링 핀을 이용하여 무늬가 만들어지면 펄을 고르게 칠하여 실크느낌을 준다.

④ 미리 건조시킨 신부에게 슈가 페이스트 실크드레스를 만들어 입혀 주는데 윗부분 주름을 잘 접어야 자연스러운 실루엣을 만들 수 있다.

⑤ 신부 드레스 뒷부분에는 엷은 금색 더스팅 파우더(lustre dusting powder)를 칠한 리본을 길게 늘어지도록 붙인다.

⑥ 크림타입 검정과 갈색 색소를 잘 섞어 머리칼에 칠해주고 건조되면 머리 장식을 얹어 붙인다.

⑦ 신부 부케는 아주 작은 안개 꽃커터(mini blossom cutter)로 꽃을 만들어 신부 손이 있는 곳에 꽂아준다.

⑧ 마지막으로 신랑신부 눈과 입을 그려준다.

02_ 케이크 만들기

① 케이크 측면둘레를 일정한 간격으로 나눠 종모양의 밑그림을 표시해둔다

② 종 아래쪽에 다리(bridge) 만들어 건조시킨다.

③ 종 윗부분부터 아래 브리지까지 수직으로 일정한 간격에 맞춰 로얄 아이싱 선 짜기를 해준다.

④ 종 모양 익스텐션 짜기가 완성되면 종 윗부분에 S 자 모양을 옆으로 2개씩 짜준다.

⑤ OHP 필름위에 로얄 아이싱 레이스 짜기를 하여 건조시킨 후 종 윗부분과 케이크 아랫부분에 장식한다.

⑥ 모델링 슈가 페이스트로 작은 핑크진주들을 만들어 장식 한다.

⑦ 케이크 위에 신랑 신부를 얹어 완성한다.

11 자연애(自然愛)

01_ 케이크 만들기

① 타원형 모양으로 케이크 규격을 각각 다르게 다듬어 놓는다. 위쪽에 올려질 케이크가 작아야 안정적인 균형을 이룬다.

② 엷은 그린색 커버 페이스트를 밀어주고 커버해 준다.

③ 받침도 위의 케이크와 통일감을 주기 위해 같은 색으로 커버를 하고 가장자리에 엠보서(Embosser)를 이용하여 무늬를 만든다.

④ 꽃무늬 몰드를 이용하여 얇게 찍어낸 모양 가장자리를 공예용 미니 가위(craft scissors)로 잘 다듬어주고 펄 파우더(pearl dusting powder)를 칠한 후 케이크 아랫부분에 붙인다.

⑤ 위의 모양위에 로얄 아이싱 작은 구슬 짜기를 한다.

02_ 목련 꽃 만들기

① 슈가 페이스트로 만든 연 초록색 봉오리에 흰색 슈가 페이스트를 얇게 덧씌우고 가위로 잘게 잘라주어 꽃술을 만들어 놓는다.

② 꽃술 끝에 꽃가루를 묻혀 놓는다.

③ 셀 보드(cel board) 위에서 꽃 반죽을 밀어 펴고 잎맥을 만든다.

④ 목련꽃커터(magnolia cutter)로 깔끔하게 찍어내고 셀 패드(cel pad) 위에서 볼 툴(ball tool)을 이용하여 자연스러운 웨이브를 만든다.

⑤ 곡선 모양위에서 가장자리를 바깥쪽으로 살짝 넘겨주며 건조시킨다.

⑥ 건조된 꽃잎 중앙에 길게 핑크색 더스팅 컬러(powdered dust color)를 칠한다.

⑦ 꽃술을 중앙에 놓고 가장자리에 돌려가며 꽃잎을 3장씩 3번 엮어 준다.

⑧ 초록색 슈가 페이스트로 꽃받침을 만들어 엮어 준다.

⑨ 목련꽃 부케를 엮을때는 봉오리를 위쪽에 엮어주며 아래쪽으로 갈수록 좀 더 많이 핀 목련꽃을 엮어주는 것이 자연스럽다. 이때 물론 마디 부분도 미리 만들어 놓고 꽃을 엮을 때 함께 엮어주면 더욱 돋보인다.

03_ 완성하기

완성된 케이크를 받침위에 고정시키고 목련 꽃 부케를 위쪽으로 향하게 하여 맨 아랫단 케이크 위에 꽂아 완성한다.

12 스툴과 부케 stool&bouquet

01_ 스툴(stool) 만들기

① 케이크의 윗면을 볼륨감있게 스툴 모양으로 다듬어 놓는다.

② 먼저 스툴을 받쳐줄 다리를 슈가 페이스트로 4개 만들어 건조시킨다.

③ 핑크색 커버 페이스트를 3mm 두께로 밀어주고 윗면에 무늬를 찍어 케이크 위에 씌워 붙인다.

④ 옆면에 위 아래로 프릴을 만들어 붙이고 프릴 안쪽에 스모킹 핀(smocking pin)을 이용하여 무늬가 있는 반죽을 만들어 길게 잘라낸 반죽을 띠 모양으로 붙인다.

⑤ 스모킹 모양 사이사이에 작은 로얄 아이싱 구슬을 짜준다.

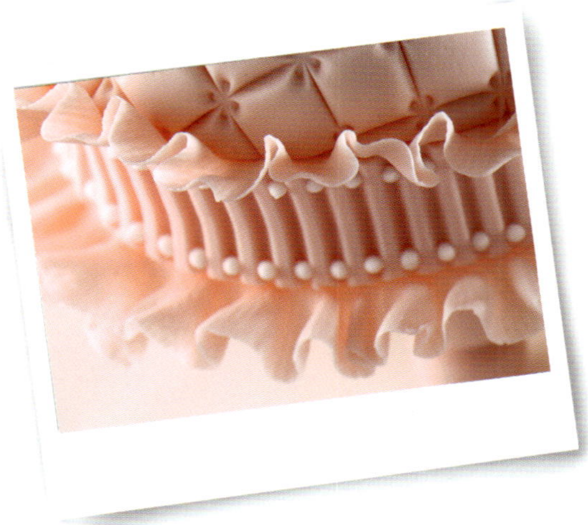

02_ 장미 만들기

① 플라워 페이스트를 진한색 핑크, 엷은 핑크, 좀더 엷은 핑크로 만들어 놓는다.

② 진한색 핑크 페이스트를 봉오리를 만들어 놓 는다.

③ 진한 핑크 슈가 페이스트로 셀 보드(cel board) 위에서 밀어 장미꽃 커터(rose cutter)로 찍어낸 후 셀 패드(cel pad) 위에서 가장자리에 웨이브를 만들고 꽃잎 가운데에 볼륨을 만들어 봉오리에 감싸주며 붙인다.

④ 2장의 꽃잎을 위와 같은 방법으로 만든 후 봉오리에 마주 붙이고 가장자리 웨이브 부분을 2mm 정도 바깥쪽으로 넘기며 꽃잎의 웨이브를 만든다.

⑤ 엷은 핑크색 페이스트를 밀어 펴고 3장 찍어내 웨이브와 볼륨을 만든 후 일정한 간격대로 붙이고 가장자리를 3mm 바깥쪽으로 넘긴다.

⑥ 아주 엷은 핑크색 슈가 페이스트를 밀어 장미꽃 커터(rose cutter)로 찍어낸 장미꽃잎에 위와 같이 웨이브, 볼륨을 만들어 주고 4장을 붙인 후 가장자리 4mm 를 바깥쪽으로 넘기며 꽃잎의 웨이브를 만든다.

⑦ 위와 같은 방법으로 꽃잎을 5장 만들어 반대방향으로 꽃잎을 붙이고 가장자리를 바깥쪽으로 넘겨주며 볼륨감을 살려 풍성한 장미꽃을 표현한다.

⑧ 초록색 반죽과 흰색 반죽을 밀어 펴 겹친 후 꽃받침을 찍어내고 각 받침마다 볼륨을 만들고 가장자리를 공예용 미니 가위(craft scissors)로 조금씩 잘라 꽃 아래쪽에 붙이고 로즈 힙(씨방)도 만들어 붙인다.

03_ 한 겹 안개꽃 만들기

① 흰색 꽃 반죽을 얇게 밀어 펴준다.

② 안개꽃 커터(small blossom cutter)로 꽃을 찍어 이젝터(ejector)를 눌러 셀 패드(cel pad) 위에서 꽃을 떼어낸다.

③ 중앙에 로얄 아이싱을 짜준 후 작은 꽃술을 중앙에 꽂아 건조시켜 몇 개씩 다발로 엮는다.

04_ 장미 잎 만들기

① 옅은 초록색 슈가 페이스트를 만들어 놓고 와이어를 알맞은 길이로 잘라 놓는다.

② 홈이 파인 보드에 반죽을 눌러주고 뒤쪽의 돌출된 부분에 와이어를 끼워 다시 보드의 홈이 있는 곳에 놓고 얇게 밀어준다.

③ 장미잎 커터(rose leaf cutter)로 찍어주고 잎맥도 찍어 낸 후 여분의 반죽을 제거한다.

④ 셀 패드(cel pad) 위에 올려놓고 볼 툴(ball tool)로 잎 가장자리를 문질러 웨이브를 살려준 후 굴곡이 있는 스펀지(former) 위에 얹어 자연스러운 웨이브가 있는 잎을 만든다.

⑤ 완성된 잎에 연 초록 더스팅 컬러(powdered dust color)를 먼저 칠하고 좀 더 진한 더스팅 파우더를 칠한 후 가장자리에 갈색 또는 버건디 더스팅 파우더를 칠해 생화 잎처럼 표현한다.

05_ 2겹 아이비 잎 만들기

① 연 초록색 플라워 페이스트를 얇게 밀어 작은 아이비 잎 커터(small ivy leaf cutter) 로 찍어놓고 가장자리에 불규칙한 선이 오도록 해준다.

② 흰색 플라워 페이스트를 셀 보드(cel board)위에서 밀어 펴고 홈에 와이어를 놓은 다음 ①번의 잎을 올린 후 롤링 핀(rolling pin)으로 다시한번 밀어준다.

③ ①번보다 좀 더 큰 아이비 잎 커터(medium ivy leaf cutter)로 ②의 잎을 찍은 다음 잎맥도 눌러 찍어준다.

④ ③의 잎을 셀 패드(cel pad)위에 올리고 가장자리에 웨이브를 만들어준다.

⑤ 완성된 잎을 굴곡이 있는 스펀지(former) 위에 올려 건조시켜 덩굴 식물처럼 엮어준다.

06_ 부케 엮기

① 아이비 잎과 장미 잎을 먼저 엮어나가며 이등변 삼각형 형태를 유지하며 작은 안개와 장미 봉오리 등을 먼저 엮어주고 뒷부분으로 갈수록 큰 꽃을 엮어준다.

② 이등변 삼각형 형태가 점점 넓어지도록 측면에 아이비와 장미 잎을 보충해 가며 중간 크기의 꽃과 큰 꽃으로 공간 배열을 잘 해줘야 한다.

③ 꽃을 엮었으면 마무리 단계에서 잎을 보충하여 엮어준다.

07_ 완성하기

① 스툴 놓을 위치를 정하여 움직이지 않도록 하고 부케꽂이를 고정시켜 부케를 올린 후 뒷부분을 리본으로 묶어준다.

② 작은 코사지도 엮어 스툴 아랫부분에 놓는다.

13 리본 케이크

01_ 원형 지름이 15cm, 12cm, 9cm인 케이크를 준비하여 가장자리를 다듬어 놓는다.

02_ 슈가 페이스트를 5mm로 밀어 펴주고 각각 커버를 해준다.

03_ 커버된 케이크를 큰 것부터 3단으로 쌓아 올린다.

04_ 실리콘 페이퍼(silicon paper) 위에서 모델링 페이스트를 길게 밀어주고 3cm 폭으로 길게 잘라준 다음 가장자리를 퀼팅 툴/룰렛(quilting tool/roulette)으로 무늬를 만들어 준다.

05_ 위 03에 작은 앵초 꽃커터(primrose cutter)와 작은 안개꽃커터(blossom cutter)를 이용하여 무늬를 찍어주고 파스텔 더스팅 컬러(pastel powdered dust color)를 칠해준다.

06_ 위 05를 케이크 아랫부분에 돌려 감아 붙이고 레이스 모양 틀로 찍은 슈가 페이스트를 한 번 더 둘러 붙인다.

07_ 큰 리본을 만들어 놓고 아래쪽으로 늘어뜨릴 리본을 먼저 붙인 후 건조된 리본을 붙여 완성해 준다.

○○14 화관(花冠)

이 작품은 2004년 영국 BSG 세계대회(CREATIVE WORLD OF SUGAR)에 출품하여 은상을 수상한 작품이다. 세계대회에서 머리 장식 부문의 우수한 우리 문화를 세계에 알릴 수 있는 기회이니 만큼, 문헌과 자료조사에 많은 시간을 투자하여 제작하였다.

화관(花冠)은 조선시대에 궁중에서 의식이나 경사가 있을 때, 반가 (班家)혼례나 경사 때에 대례복이나 소례복을 입을때 머리에 착용하였다. 화관은 관물이라기보다는 미적 장식품으로서의 의미가 크며 처음 사용은 신라 문무왕 (661~681) 때 부터였고 족두리와 마찬가지로 영조 때 가체금지령으로 가체를 대신하게 함으로써 일반화되었다. 예복을 입을 때 양반가에서는 화관을 쓰고 서민층에서는 족두리를 썼다.

01_ 화관 모양의 측면, 윗면의 모양 틀을 각각 만들어 놓는다.

02_ 버건디와 보라 컬러를 넣어 섞은 모델링 슈가 페이스트를 만들어 3mm 두께로 길게 밀어놓는다.

03_ 측면의 모양 틀을 02의 위에 놓고 팔레트 나이프(palette knife)를 이용하여 오려낸 후 잘라진 부분을 날카롭지 않게 정리해준 다음 원형으로 만들어 건조시킨다.

04_ 화관 위의 긴 타원형 부분도 오려 가장자리를 매끄럽게 해준 후 곡선으로 건조시킨다.

05_ 화관 가장자리에 장식할 진주와 옥, 등 보석류를 만들어 광택을 주거나 펄파우더(lustre pearl powder)를 칠해주어 건조시키며 나비도 만들어 건조시킨다.

06_ 5색 모델링 반죽을 슈가크래프트 건(sugarcraft gun)으로 뽑아내어 일정한 길이로 잘라 구슬을 붙여 따로 건조시킨다.

07_ 화관 앞에 장식되어지는 곳에 로얄 아이싱을 파이핑하여 건조시킨 후 조심스럽게 금색 더스팅 컬러(lustre dusting powder)를 붓으로 칠한다.

08_ 화관의 아래와 윗부분을 붙여 고정시키고 구슬 등의 장식물을 붙여 완성한다.

15 작품 1 꽃꽂이

01_ 매화(梅花)

① 가는 실을 와이어에 묶어주고 숙성된 슈가 글루를 끝에 살짝 찍은 후 세몰리나로 만들어 놓은 꽃가루를 찍어 꽃술을 만든다.

② 셀 보드(cel board)에 연 핑크 슈가 페이스트를 얇게 밀어 펴고 매화 꽃커터(japanese apricot cutter)로 찍어낸다.

③ 연 핑크 슈가 페이스트로 작은 멕시칸 모자처럼 만든 후 미니 롤링핀(mini rolling pin)으로 가장자리를 얇게 밀어놓고 매화 꽃커터로 찍어낸다.

④ 위 ③의 꽃을 스펀지 패드 위에 올리고 꽃에 볼륨과 웨이브를 주고 ②의 꽃잎도 같은 방법으로 해준 후 꽃자루가 있는 꽃 위에 꽃잎이 엇갈리게 얹어 붙인다.

⑤ 두 겹의 꽃 중앙에 미니 롤링 핀(mini rolling pin)으로 홀을 만들어주고 ①의 꽃술을 꽂아 와이어에 고정 시킨다.

⑥ 버건디 색 슈가 페이스트를 아래쪽이 둥근 모자 모양으로 밀어 꽃받침커터(rose calyx cutter)로 찍어 중앙에 홀을 만든 후 ⑤의 아래쪽에 붙여준다.

02_ 장미 만들기

① 플라워 페이스트를 엷은 핑크색으로 만들어 놓는다.

② ①과 같은 페이스트로 봉오리를 만들어 준다.

③ 슈가 페이스트를 셀 보드(cel board) 위에서 밀어 장미 꽃커터 (rose cutter)로 찍어낸 후 셀 패드(cel pad) 위에서 가장자리에 웨이브를 만들고 꽃잎 가운데에 볼륨을 만들어 봉오리에 감싸주며 붙인다.

④ 2장의 꽃잎을 위와 같은 방법으로 만든 후 봉오리에 마주 붙이고 가장자리 웨이브 부분을 2mm 정도 바깥쪽으로 넘기며 꽃잎의 웨이브를 만든다.

⑤ 페이스트를 밀어펴고 3장 찍어내 웨이브와 볼륨을 만든 후 더스팅 컬러(powdered dust color) 핑크와 옐로우를 칠해주고 일정한 간격대로 붙여서 가장자리를 3mm 바깥쪽으로 넘긴다.

⑥ 핑크색 슈가 페이스트를 밀어 장미꽃커터(rose cutter)로 찍어낸 장미꽃잎에 위 ⑤와 같이 웨이브, 볼륨을 만들어주고 더스팅(powdered dust color)을 해준 다음 장을 붙인 후 가장자리 4mm 를 바깥쪽으로 넘기며 꽃잎의 웨이브를 만든다.

⑦ 위와 같은 방법으로 꽃잎을 5장 만들어 반대방향으로 꽃잎을 붙이고 가장자리를 바깥쪽으로 넘겨주며 볼륨감을 살려 풍성한 장미꽃을 표현한다.

⑧ 초록색 반죽과 흰색 반죽을 밀어 펴 겹친 후 꽃받침을 찍어내고 각 받침마다 볼륨을 만들고 가장자리를 공예용 미니 가위(craft scissors)로 조금씩 잘라 꽃 아래쪽에 붙이고 로즈 힙 (씨방)도 만들어 붙인다.

⑨ 완성된 장미꽃 가장자리에 더스팅 파우더(powdered dust color)를 칠해 사실감을 더해 마무리해준다.

03_ 라일락

① 와이어를 잘라 끝 부분에 작은 고리를 만든 후 슈가 글루를 살짝 찍어주고 세몰리나를 찍어 꽃술처럼 만들어 놓는다.

② 크림색 슈가 페이스트를 작은 물방울 모양으로 만들어 둥근쪽을 공예용 미니 가위(craft scissors)로 새싹처럼 잘라놓는다.

③ 위 ②의 새싹 모양을 다시 2등분으로 잘라 홀이 있는 셀 패드(cel pad)위에 놓고 드레스덴 툴(dresden tool)로 눌러 꽃잎이 펴지도록 한다.

④ 위 ③의 꽃 중앙에 ①의 와이어를 꽂아주고 꽃자루를 만들어 고정시킨다.

04_ 유홍초 만들기

① 와이어에 꽃술을 고정 시킨다.

② 노란색 슈가 페이스를 작은 멕시칸 모자모양으로 밀어주고 원형으로 찍어내어 홀이 있는 셀 패드(cel pad)위에 얹어 가장자리에 웨이브를 만든다.

③ 중앙에 나팔모양의 홀을 만들어 주고 꽃술을 끼워 꽃자루를 만들며 고정 시킨다.

④ 가장자리에 빨간색 분말색소로 더스팅(powdered dust color)을 해준다.

05_ 트리안잎 만들기

① 와이어를 6cm 길이로 잘라 놓는다.

② 엷은 초록색 플라워 페이스트를 작은 물방울 모양으로 만든다.

③ 위 ②의 반죽을 위 ①의 와이어에 끼워 홈이 있는 보드(cel board) 위에 놓고 작은 롤링 핀(mini rolling pin)으로 밀어준다.

④ 잎맥(leaf veining mat)을 찍어주고 셀 패드(cel pad)위에 올려 웨이브를 만든후 굴곡이 있는 스펀지(former) 위에 올려 건조시킨다.

⑤ 여러 개의 잎이 만들어 지면 초록색과 갈색 더스팅 파우더(powdered dust color)를 칠하고 갈색 플로랄 테이트(floral tape)로 엮어준다.

06_ 꽃꽂이하기

① 꽃꽂이할 반죽을 적당한 덩이로 만들어 놓는다.

② 늘어지는 부분이나 맨 위쪽 부분부터 차례로 꽂아 주며 마지막에 장미를 꽂아 용기에 올려 마무리 한다.

16 크리스마스

01_ 포인세티아(포인세티아 잎은 작은 것부터 큰 잎까지 보통 일곱 가지 모양을 만들어 엮어준다)

① 빨간색 플라워 페이스트와 진초록 플라워 페이스트를 만들어 놓는다.

② 알맞은 길이로 와이어도 잘라 놓는다.

③ 빨간색 플라워 페이스트를 물방울 모양으로 만든 후 셀 보드(cel board)의 홈에 놓고 눌러주어 돌출된 부분에 와이어를 끼워 셀 보드(cel board)의 홈 있는 곳에 놓고 롤링 핀(rolling pin)으로 밀어준다.

④ 포인세티아 커터(poinsettia cutter)로 찍어내고 셀 패드(cel pad)위에 올려놓고 볼 툴로 가장자리에 약한 웨이브를 만든 후 굴곡이 있는 스펀지(former)위에 올려 건조시킨다.

⑤ 작은 잎부터 큰 잎까지 각각 3~5장 정도 만들어 놓는다.

⑥ 초록색 잎은 큰 잎만 5장 만들어 놓고, 빨간색과 초록색이 적당히 섞인 형태의 꽃잎도 5장 만든다.

⑦ 꽃술(포인세티아 꽃)은 작은 고리를 만든 와이어에 초록색 페이스트를 작은 둥근 모양으로 만들어 고정시키고 그 위에 빨강색 슈가 페이스트를 물방울 모양으로 만들어 붙인다.

⑧ 공예용 미니 가위(craft scissors)로 빨간색 부분을 잘게 잘라 주고 끝에 세몰리나로 만든 꽃가루를 살짝 찍어 준다.

⑨ 꽃술 5개를 먼저 같은 높이로 엮어주고 작은 잎부터 차츰 아래로 내려가며 큰 잎까지 엮어 완성한다.

02_ 홀리(holly) 만들기

① 빨간색 슈가페이스트를 동그랗게 만들어 고리를 만든 와이어에 고정시킨다.

② 연초록색 슈가 페이스트를 셀 보드(cel board) 홈에 눌러 와이어를 끼워주고 롤링핀(rolling pin)으로 밀어 펴고 홀리잎 커터(holly leaf cutter)로 찍어낸다.

③ 셀 패드(cel pad)위에 올려 볼 툴로 약한 웨이브를 만들고 굴곡이 있는 스펀지(former)위에 올려 건조 시킨다.

④ 진한 초록색 큰 홀리 잎도 마찬가지 방법으로 만든다.

⑤ 처음에는 한 잎씩 작은 잎부터 엮어주는데 아래쪽으로 엮어주면서 열매를 함께 엮고 중간 부분부터 3장의 잎을 같은 높이 다른 방향으로 엮어준다.

03_ 포인세티아와 홀리 부케 만들기

홀리 엮은 긴 가지를 먼저 엮어주고 작은 홀리 가지를 그 주변에 중앙에는 포인세티아를 엮어준다.

04_ 눈 결정 로얄 아이싱

① 눈 결정 모양의 밑그림을 그린다.

② 그림 모양 위에 필름을 올리고 밑그림대로 아이싱을 짜주고 건조시킨다.

05_ 케이크 완성하기

① 원형 케이크에 슈가 페이스트로 커버를 씌워주고 받침에 올려 준다.

② 한쪽 측면 위에 부케 엮은것을 꽂고 눈 결정 로얄 아이싱을 붙인다.

17 꽃 요정 flower fairy

01_ 장미 요정(the rose fairy)

① 모델링 반죽을 피부색으로 만들어 놓는다.

② 몸을 먼저 빚어 놓고 다리를 만든다. 무릎 부분과 발가락 부분을 하나하나 세심하게 표현하여 사실감을 나타내야하며 양팔도 마찬가지로 팔꿈치부분과 손가락부분에 손톱까지 표현한다.

③ 몸에 다리를 고정시키고 장미꽃잎으로 한 장 한 장 붙여 옷을 입힌다.

④ 어깨 부분에 팔을 붙여 고정시키고 얼굴을 만들어 목 부분에 붙인다.

⑤ 슈가 건을 이용하여 만든 머리카락에 웨이브를 만들어 얼굴 뒷부분부터 붙이고 작은 리본으로 마무리해준다.

⑥ 슈가 페이스트를 얇게 밀어 요정 날개의 무늬를 찍어주고 약간 건조시켜 더스팅 파우더(powdered dust color)를 칠하고 요정 뒤쪽에 붙인다.

02_ 장미꽃 만들기

① 플라워 페이스트를 옅은 핑크색으로 만들어 놓는다.

② ①과 같은 페이스트로 봉오리를 만들어 준다.

③ 슈가 페이스트를 셀 보드(cel board) 위에서 밀어 장미꽃 커터(rose cutter)로 찍어낸 후 셀 패드(cel pad) 위에서 가장자리에 웨이브를 만들고 꽃잎 가운데에 볼륨을 만들어 봉오리에 감싸주며 붙인다.

④ 두 장의 꽃잎을 위와 같은 방법으로 만든 후 봉오리에 마주 붙이고 가장자리 웨이브 부분을 2mm 정도 바깥쪽으로 넘기며 꽃잎의 웨이브를 만든다.

⑤ 페이스트를 밀어 펴고 세 장 찍어내 웨이브와 볼륨을 만든 후 더스팅 컬러(powdered dust color) 핑크와 옐로우를 칠해주고 일정한 간격대로 붙여서 가장자리를 3mm 바깥쪽으로 넘긴다.

⑥ 핑크색 슈가 페이스트를 밀어 꽃 커터(rose cutter)로 찍어낸 장미꽃잎에 위와같이 웨이브, 볼륨을 만들어주고 더스팅을 해준 다음 네 장을 붙인 후 가장자리 4mm정도를 바깥쪽으로 넘기며 꽃잎의 웨이브를 만든다.

⑦ 위와 같은 방법으로 꽃잎을 다섯 장 만들어 반대방향으로 꽃잎을 붙이고 가장자리를 바깥쪽으로 넘겨주며 볼륨감을 살려 풍성한 장미꽃을 표현한다.

⑧ 초록색 반죽과 흰색 반죽을 밀어 펴 겹친 후 꽃받침을 찍어내어 각 받침마다 볼륨을 만든다. 가장자리를 공예용 미니 가위(craft scissors)로 조금씩 잘라 꽃 아래쪽에 붙이고 로즈 힙 (씨방)도 만들어 붙인다.

⑨ 완성된 장미꽃 가장자리에 더스팅 파우더(powdered dust color)를 칠해 사실감을 더해 마무리해준다.

03_ 블루벨 만들기

① 연보라 플라워 페이스트를 물방울 모양으로 만든다.

② 뾰족한 부분을 가위로 6등분하여 끝부분을 곡선으로 구부린다.

③ 꽃술을 꽂아준 다음 여러 개를 엮어준다.

04_ 블루벨 요정 (Bluebell Fairy)

① 모델링 반죽을 피부색으로 만들어 놓는다.

② 몸을 먼저 빚어 놓고 다리를 만든다. 무릎 부분과 발가락 부분을 하나하나 세심하게 표현하여 사실감을 나타내야 하며 양팔도 마찬가지로 팔꿈치 부분과 손가락 부분에 손톱까지 표현한다.

③ 몸에 다리를 고정시키고 블루벨과 잎으로 한장 한장 붙여 옷을 입힌다.

④ 소매 부분을 길게 늘어지도록 만들어 어깨 부분에 팔을 붙여 고정시키고 얼굴을 만들어 목 부분에 붙인다.

⑤ 요정 앞부분은 같은 잎 두 장을 만들어 칼라처럼 붙이고 단추와 고리를 만들어 붙인다.

⑥ 슈가크래프트 건(sugarcraft gun)을 이용하여 만든 머리카락에 웨이브를 만들어 얼굴 뒷부분부터 붙이고 머리 위에 화관을 만들어 올린다.

⑦ 슈가 페이스트를 얇게 밀어 요정 날개의 무늬를 찍어주고 약간 건조시켜 더스팅 파우더(powdered dust color)를 칠하고 요정 뒤쪽에 붙인다.

05_ 참 소리쟁이 (wood sorrel)_괭이밥 이라고도 함

① 엷은 노란색 플라워 페이스트를 만들어 놓고 와이어 끝을 구부려 놓는다.

② 작은 롤링 핀(mini rolling pin)을 이용 고깔모양으로 반죽을 밀어 꽃자루가 있는 5잎 꽃 커터(5 petal cutter)로 찍어낸다.

③ 꽃잎 가장자리를 볼 툴(ball tool)을 이용, 좀 더 얇게 밀어주고 셀 패드(cel pad) 위에서 볼륨을 준다.

④ 진한 노란색 더스팅 파우더(powdered dust color)로 꽃잎 가장자리 등에 칠한다.

⑤ 와이어에 꽃잎을 끼워주고 꽃술을 꽂아 준다.

⑥ 작은 꽃받침을 붙여 완성한다.

06_ 참 소리쟁이 요정 (wood sorrel fairy) 만들기

① 모델링 반죽을 피부색으로 만들어 놓는다.

② 몸을 먼저 빚어 놓고 다리를 만든다. 무릎 부분과 발가락 부분을 하나하나 세심하게 표현하여 사실감을 나타내야하며 양팔도 마찬가지로 팔꿈치부분과 손가락부분에 손톱까지 표현한다.

③ 몸에 다리를 고정 시키고 참 소리쟁이 (Wood Sorrel)잎으로 한장 한장 붙여 옷을 입힌다.

④ 어깨 부분에 팔을 붙여 고정시키고 얼굴을 만들어 목 부분에 붙인다.

⑤ 슈가크래프트 건(sugarcraft gun)으로 머리카락을 만들어 끝부분을 약간 구부려주고 머리 아래쪽부터 붙인다. 앞머리는 조금 짧은 컬을 만들어 붙이고 머리에 꽃잎을 붙인다.

⑥ 날개를 만들어 더스팅을 한 후 어깨 뒤쪽에 붙인다.

07_ 티 테이블 만들기

① 원형테이블을 만들고 건조시킨 원형으로 자른 반죽을 미니 롤링 핀(mini rolling pin)으로 가장자리에 프릴을 만들어 테이블 위에 얹어 붙인다.

② 엷은 핑크색 슈가 페이스트를 밀어 길게 잘라 퀼팅 툴/룰렛(quiling tool/roulette)으로 가장자리를 눌러주고 양쪽끝 부분을 공예용 미니 가위(craft scissors)로 잘라 술을 만들어 테이블 중앙에 붙인다.

③ 티 포트는 작은 흰색 슈가 페이스트를 둥글게 굴려주고 작은 볼 툴(mini ball tool)로 가운데 부분을 움푹 들어가게 만들고 포트 입구와 손잡이를 만들어 슈가 글루로 붙인다. 뚜껑도 만들어 따로 건조 시킨다.

④ 찻잔도 같은 방법으로 만들며 잔 받침은 둥글고 납작하게 만들어 건조시킨다.

⑤ 슈가크래프트 펜(sugarcraft color pen)을 이용해 건조된 티포트(tea port)와 잔 표면에 그림을 그려준다.

08_ 완성하기

① 케이크 후면 부분에 장미꽃과 잎을 조화롭게 꽂아놓고 장미 가지 위에 장미꽃 요정을 올려 고정시킨다.

② 블루벨 요정도 세워서 고정 시키고 참 소리쟁이 꽃도 한쪽 부분에 꽂아주고 참 소리쟁이 요정은 앉아 있는 모습으로 붙인다.

③ 티 테이블도 고정시키고 찻잔과 작은 스툴도 고정시킨다.

④ 계단 아래쪽에 컬러 슈가를 만들어 뿌려준다.

18 소녀가 있는 풍경

이 액자는 영국 찰스 황태자와 다이애나 비의 웨딩 케이크를 만드신 에디 스펜스 선생님께 지도 받은 작품으로 로얄 아이싱만으로 아주 작은 발가락 , 모자의 잔주름 까지 표현한 작품이다.

01_ 보드 만들기

① 정사각형 보드(cake board)에 슈가 페이스트를 얇게 밀어 커버를 씌운다.

② 하늘과 땅 부분으로 나눠 하늘은 구름 부분을 제외한 곳을 더스팅 파우더(powdered dust color)로 칠해주고 땅 부분에도 엷은 갈색 더스팅 파우더를 칠해놓는다.

02_ 소녀

① 소녀의 밑그림을 그려주고 먼저 모자의 가장자리 부분에 흰색 로얄 아이싱을 짜서 프릴을 짜고 모자의 윗부분은 핑크색 로얄 아이싱으로 곡선을 만들며 주름을 짜준다.

② 핑크색 원피스로 곡선을 만들며 풍성한 원피스를 표현해주고 흰색 로얄 아이싱으로 앞치마와 치마 아랫단 프릴을 짜준다.

③ 어깨 부분부터 소매 끝까지 엷은 핑크색 로얄 아이싱을 볼륨있게 짜고 피부 빛 로얄 아이싱으로 손과 발, 발가락까지 짜준다.

④ 흰색 로얄 아이싱으로 모자 윗부분과 옆의 문양을 짜고 소매 부분도 볼륨감있게 짜며 원피스 뒷부분의 리본을 짜준다.

03_ 나무와 울타리

① 갈색 로얄 아이싱으로 나무의 아랫부분부터 굴곡있게 짜며 위로 갈수로 가늘게 짜고 가지들도 짠다.

② 초록색 로얄 아이싱으로 나무 잎을 표현한다.

③ 갈색 로얄 아이싱으로 가로로 세워진 울타리 모양을 짜고 방울꽃 덩굴이 타고 올라간 것처럼 흰색 로얄 아이싱을 방울방울 짜준다.

④ 초록색 줄기와 울타리 밑의 땅에도 잡초처럼 연초록색 로얄 아이싱을 짠다.

04_ 코너 프레임

① 조개(shell)모양 깍지로 가장자리에 연이어 조개모양을 짜고 오른쪽 코너는 모양깍지를 굴려가며 짜서 또 다른 모양을 표현한다.

② 핑크색과 연초록의 작은 구슬 모양의 로얄 아이싱을 조개모양 사이에 짜주고 핑크색 아이싱을 프레임 안쪽에 직선과 곡선짜기를 하여 마무리 해준다.

19 인어 a mermaid

01_ 바위, 자갈, 바다 만들기

① 옅은 회색과 옅은 갈색의 슈가 페이스트를 마블링하여 밀어 펴서 울퉁불퉁한 반죽 덩이 위에 씌워주고 작은 롤링 핀(mini rolling pin)으로 홈을 만들어준 후 홈 파인 곳에 진한 회색을 붓으로 칠해 깊이를 더해준다.

② 바위를 만들고 남은 반죽으로 작은 자갈을 만들어 놓는다.

③ 파란색 슈가 페이스트로 파도가 있는 바닷물처럼 만들어 가장자리에 붙인다.

02_ 조개와 불가사리, 진주 만들기

① 몰드를 이용하여 조개와 불가사리를 찍어내고 가장자리를 잘 다듬어 놓는다.

② 진주는 슈가 페이스트를 작고 동글하게 만들어 펄 더스팅(lustre dusting powder)을 칠해주거나 기존의 슈가 볼(sugar ball)을 사용하기도 한다.

03_ 인어 (a mermaid)

① 얼굴은 몰드를 이용하여 피부색 슈가페이스트로 찍어낸 다음 약간 건조시킨다.

② 몸을 만들고 팔을 만들어 손가락을 하나하나 다듬어주며 손톱까지 표현해 어깨 부분에 붙인다.

③ 허리 아랫부분은 청색 슈가 페이스트로 길게 빚은 후 꼬리지느러미 부분은 조금 넓게 펴 나이프/블레이드 툴(knife/blade tool)을 이용, 잘게 잘라 지느러미처럼 표현해준다.

④ 인어를 바위 위에 고정시켜 놓고 얼굴을 몸 부분에 붙인 후 비늘을 하나하나 붙이고 슈가 크래프트 건(sugarcraft gun)으로 머리칼을 만들어 컬과 길이를 조절해가며 붙인다.

⑤ 머리위에 작은 진주와 로얄 아이싱으로 장식하며 가슴과 허리부분도 조개와 진주로 장식한다.

⑥ 바위 가장자리에 조개껍질과 조약돌들을 붙여 완성한다.

20 프로포즈

01_ 만드는 방법

① 케이크를 하트 모양으로 다듬어 놓는다.

② 커버 반죽을 밀어 펴고 퀼팅 엠보서(quilting embosser)로 무늬를 찍어준 후 케이크 위에 커버를 해준다.

③ 길게 밀어 편 슈가 페이스트 가장자리에 스모킹 핀 (smocking pin)으로 무늬를 만들고 잘라준 후 작은 롤링 핀(rolling pin)으로 가장자리에 프릴을 만들어 하트케이크 가장자리에 붙인다. 두 겹의 프릴을 붙여 풍성해 보이도록 한다.

02_ 백장미와 아이비 만들기

① 봉오리를 만들어 미니 롤링 핀(mini rolling pin)으로 끝부분을 밀어 편후 돌돌 말아준다

② 미니 장미꽃 커터(mini rose cutter)로 밀어 편 슈가 페이스트를 찍어낸 후 셀 패드(cel pad) 위에서 가장자리에 웨이브를 만들고 꽃잎 가운데에 볼륨을 만든다.

③ S자 형태로 붓에 물을 칠한 후 꼭지점 높이에 맞게 여며 붙인다.

④ 커터로 찍어낸 장미꽃잎 중 한 잎을 잘라내고 웨이브와 볼륨을 만든 후 순서대로 붙이고 가장자리를 바깥쪽으로 넘긴다.

⑤ 커터로 찍어낸 장미꽃잎에 위와 같이 웨이브와 볼륨을 만들어주고 위 ④번의 반대방향으로 꽃잎을 붙이고 가장자리를 바깥쪽으로 넘겨주며 볼륨감을 살려 풍성한 장미꽃을 표현한다.

⑥ 흰색 반죽을 밀어 펴고 꽃받침을 찍어내고 각 받침마다 볼륨을 만들고 가장자리를 공예용 미니 가위(craft scissors)로 조금씩 잘라 꽃 아래쪽에 붙이고 씨방도 만들어 붙인다.

⑦ 아이비 잎은 먼저 와이어를 잘라 반죽에 끼워주고 셀 보드(cel board)의 홈에 놓고 작은 롤링 핀(mini rolling pin)으로 밀어준 다음 아이비 잎 커터(ivy leaf cutter)로 찍어내고 가장자리에 웨이브를 만들어 건조시키고 알맞은 길이로 엮어 놓는다.

⑧ 장미와 함께 부케를 엮어 케이크 측면에 꽂아 고정시킨다.

03_ 로얄 아이싱 레이스 만들기

① 밑그림을 그려 놓는다.

② 밑그림 위에 OHP 필름을 올리고 이형제(離形劑)를 바른 다음 밑그림대로 로얄 아이싱으로 레이스를 짜서 건조 시킨다.

③ 하트 케이크 옆 프릴 위에 로얄 아이싱 레이스를 붙여 완성한다.

21 비너스의 선물

01_ 타원형 프릴 바구니

(1) 데이지 꽃 만들기

① 와이어를 잘라 한쪽 끝을 돌려감기한 후 중심에서 T자 모양으로 구부려 준다.

② 노란색 슈가 페이스트를 작은 둥근 모양으로 하여 ①의 T자 모양에 붙이고 꽃술 모양 몰드로 찍어준다.

③ 흰색 플라워 페이스트를 얇게 밀어 데이지 꽃커터(daisy cutter)로 찍어내고 드레스덴 툴(dresden tool)로 셀 패드(cel pad) 위에서 볼륨을 준 후 ②의 꽃술 아래쪽에 붙인다.

④ 5~6겹을 서로 엇갈리게 반복하여 꽃잎을 붙이고 꽃받침을 붙여 마무리한다.

(2) 트리안 잎 만들기

① 엷은 초록색 슈가 페이스트를 물방울 모양으로 만들어 와이어를 끼워 보드 위 홈에 올려 밀어 준 다음 잎맥을 찍어주고 가장자리에 웨이브를 만들어준다.

② 여러 개를 만들어 덩굴 식물처럼 엮어 놓는다.

(3) 바구니 모양 만들기

① 핑크색 슈가 페이스트를 밀어 펴고 퀼팅 엠보서(quilting embosser)로 무늬를 찍어 타원형으로 다듬어놓은 모양위에 붙인다.

② 가장자리에 작은 롤링 핀으로 긴 프릴을 만들어 돌려 붙이고 프릴 밑에 스모킹 핀(smocking pin)을 이용하여 무늬를 낸 슈가 페이스트를 길게 잘라 붙인다.

③ 손잡이는 슈가크래프트 건(sugarcraft gun)으로 길게 뽑은 슈가 페이스트를 2줄 꼬기를 하여 건조시켜 바구니에 고정시키고 윗부분에 리본을 묶어준다.

④ 데이지 꽃과 잎을 손잡이 부분 아래쪽에 꽂아 마무리한다.

02_ 미니하트

① 미니하트 모양 케이크에 커버를 씌우고 가장자리에 프릴을 2겹 붙인다.

② 프릴 위쪽에 로얄 아이싱으로 작은 구슬 짜기를 한다.

③ 왼쪽 윗부분에 데이지와 트리안잎, 안개꽃으로 장식하고 슈가 반지를 만들어 리본 끝에 달아 하트 오른쪽에 붙인다.

03_ 퀼트 미니하트

① 하트 모양 케이크에 커버링을 한다.

② 다홍색, 연 핑크, 연초록 등의 슈가 페이스트를 각각 셀 보드(cel board)에 밀어 펴고 무늬 롤링 핀(patterned rolling pin)으로 밀어 무늬를 만든다.

③ 작은 팔레트 나이프(palatte knife)로 ②의 반죽을 잘라내고 퀼팅 툴/룰렛(quilting tool/ roulette)으로 가장자리에 바느질한 느낌의 무늬를 낸다.

④ ①의 하트 표면에 ③의 조각을 무작위로 붙이고 작은 안개꽃커터(mini blossom cutter)로 찍어낸 꽃을 붙인다.

⑤ 슈가 페이스트로 작은 진주를 만들어 S자 형태로 붙이고 케이크 아래쪽 가장자리에도 붙인다.

○○22 타원 액자

01_ 데이지 꽃 만들기

① 와이어를 잘라 한쪽 끝을 돌려감기한 후 중심에서 T자 모양으로 구부려 준다.

② 노란색 슈가 페이스트를 작은 둥근 모양으로 하여 ①의 T자 모양에 붙이고 꽃술 모양 몰드로 찍어준다.

③ 흰색 플라워 페이스트를 얇게 밀어 데이지꽃 커터(daisy cutter)로 찍어내고 드레스덴 툴(dresden tool)로 셀 패드(cel pad) 위에서 볼륨을 준 후 ②의 꽃술 아래쪽에 붙인다.

④ 5~6겹을 서로 엇갈리게 반복하여 꽃잎을 붙이고 꽃받침을 붙여 마무리 한다.

02_ 장미 만들기

① 와이어를 잘라 끝에 고리를 만들어준다.

② 슈가 플라워 페이스트로 물방울 모양의 봉오리를 만들어 ①의 고리를 끼워 놓는다.

③ 플라워 페이스트를 밀어 펴 장미꽃 커터(rose cutter)로 찍어내고 가장자리에 웨이브와 볼륨을 만들어주고 봉오리에 붙인다.

④ 일정한 간격에 맞춰 붙인 꽃잎을 뒤쪽으로 쓰다듬듯이 하여 자연스런 꽃잎을 표현한다.

⑤ 바깥쪽으로 갈수록 볼륨이 있는 꽃잎을 붙여야 풍성한 장미를 즐길 수 있다.

⑥ 초록색 슈가 페이스트로 꽃받침을 만들고 볼 툴로 볼륨감을 주며 가장자리를 공예용 미니 가위(craft scissors)로 오려준 후 장미 아래쪽에 붙인다.

⑦ 꽃받침 아래쪽에는 로즈 힙(씨방)을 붙여 장미꽃을 완성한다.

03_ 아이비 잎 만들기

① 연 초록색 플라워 페이스트를 준비하고 와이어를 잘라 놓는다.

② 셀 보드(cel board) 홈에 와이어를 끼운 반죽을 놓고 롤링 핀(rolling pin)으로 밀어 아이비 잎 커터(ivy leaft cutter)로 찍어 낸다.

③ 셀 패드(cel pad) 위에서 웨이브를 만들고 더스팅 파우더(powdered dust color)를 칠하여 사실감을 준다.

④ 덩굴 식물처럼 엮어 놓는다.

04_ 나비 만들기

① 셀 보드(cel board) 위에서 마블 반죽을 밀어주고 나비 모양 커터(butterfly cutter)로 찍어 낸다.

② 펄 파우더(lustre dusting powder)를 칠해준다.

③ 날개를 고정시키고 더듬이를 만들어 붙인다.

05_ 액자 완성하기

① 줄기를 모두 초록색 플로랄 테이프(floral tape)로 감아 놓는다.

② 꽃들과 잎을 작은 부케 모양으로 엮어주고 끝에 리본을 매준다.

③ 액자에 고정시켜 붙여놓고 나비도 로얄 아이싱으로 붙인다.

23 촛대와 소녀

노모차리스 (Nomocharis) 릴리는 영국 연수 중 알란 던 선생님께 배운 백합의 일종으로 꽃잎의 디테일함과 잎의 자연스러움은 생화와 비슷함을 느낄 수 있다.

01_ 노모차리스(nomocharis) 릴리 만들기

① 연초록색 슈가 페이스트를 와이어에 2cm 길이로 위쪽이 둥근 모양을 만들고 핀셋으로 3등분하여 눌러 암술을 만들어 놓는다.

② 노란색 반죽으로 갸름하고 가운데 홈이 있는 작은 꽃술을 와이어에 붙인다.

③ 끝이 뾰족한 꽃잎을 3장 만들어 잎맥을 찍어주고 가장자리에 웨이브를 준 다음 안쪽으로 살짝 곡선을 만든다.

④ 중앙과 좌우 양쪽에 끝이 뾰족한 잎도 3장 만든 후 가장자리에 룰렛 커터로 작은 갈라짐을 표현해주고 자연스런 웨이브를 만든다.

⑤ 버건디 컬러로 꽃잎에 점을 찍어주고 작은 선들도 그려준다.

⑥ ③의 꽃잎을 암술, 수술과 함께 엮어주고 ④의 꽃잎을 사이사이 엮어 꽃을 완성한다.

⑦ 봉오리는 슈가페이스트를 긴 물방울 모양으로 만든 후 팔레트 나이프(palette knife)로 줄무늬를 만들고 노랑과 보라색 더스팅 파우더(powdered dust color)를 칠하여 마무리한다.

02_ 잎 만들기

① 연 초록색 슈가 페이스트에 와이어를 끼우고 셀보드(cel board)위에서 밀어펴고 잎맥(leaf veing mat)을 찍어준 후 셀 패드(cel pad)위에 올려 웨이브를 만들어 자연스럽게 해놓는다.

② 완성된 잎에 녹색 더스팅 파우더(powdered dust color)를 칠하고 진초록 더스팅으로 자연스러움을 표현한다.

③ 작은 잎부터 엮기 시작하여 작은 봉오리와 좀 더 큰 잎 , 꽃 엮기를 하여 하나의 꽃줄기를 만든다.

03_ 완성하기

촛대 아래쪽에 위의 꽃줄기를 감아 완성한다.

24 약혼 engagement

01_ 인디안 핑크 슈가 페이스트로 아랫단 케이크와 윗단 케이크를 각각 커버해 중앙에 작은 케이크를 올리고 케이크 가장자리에 구슬 짜기를 해준다.

02_ 핑크와 엷은 그린, 인디안 핑크색 플라워 페이스트로 크고 작은 앵초(mini primrose cutter)와 데이지 커터(mini daisy cutter)로 찍어 볼륨을 주고 건조 시킨다.

03_ 02의 꽃을 케이크 위에 일정한 부분에 붙이고 서약서를 만들어 건조시키고, 나비와 악기를 연주하는 천사도 만들어 건조시킨다.

04_건조된 서약서와 나비를 케이크 위에 올려 고정시키고 천사도 케이크 옆에 올려 고정시켜준다.

05_구슬 짜기 농도의 로얄 아이싱으로 작은 삼각 짜기를 반복하여 케이크 여백에 깔끔한 아름다움을 더한다.

25 사랑의 계단

01_ 3개의 타원형 케이크 윗부분을 다듬어 놓고 받침도 타원형에 맞게 잘라 준비해 놓는다.

02_ 슈가 페이스트로 케이크와 받침에 커버를 해준다.

03_ 다홍색, 연핑크, 연보라 슈가 페이스트를 마블링하여 셀 보드(cel board)에 밀어 펴고 무늬 롤링 핀(patterned rolling pin)으로 밀어 무늬를 만든다.

04_ 작은 팔레트 나이프(palette knife)로 03의 반죽을 모양 잘라내기를 하고 퀼팅 툴/룰렛(quilting tool/roulette)으로 가장자리에 바느질한 느낌의 무늬를 낸다.

05_ 케이크위에 잘라낸 슈가 페이스트 마블링의 크기와 길이, 색상 등이 어울리게 붙여준다.

06_ 작은 슈가페이스트 진주들을 만들어 꽃의 중앙부분과 케이크 가장자리에 붙여준다.

07_ 기울어진 하트모양 로얄 아이싱 레이스를 짜서 건조시킨 것을 케이크 가장자리에 붙인다.

08_ 경사진 케이크 받침 위쪽에 작은 케이크를 올리고 아래쪽에 큰 케이크를 올려 안정감있게 세팅한다.

26 레이스가 있는 테이블

01_ 수국 만들기

① 와이어를 잘라 끝 부분에 작은 고리를 만들고 숙성된 슈가 글루를 바른 후 끝에 꽃가루를 찍어준다.

② 플라워 페이스트를 물방울 모양으로 만든 후 공예용 미니 가위(craft scissors)로 4등분해준다.

③ 잘라진 ②의 반죽을 손으로 각각 눌러준 후 셀패드(cel pad)의 홈에 놓고 드레스덴 툴(dresden tool)로 좀 더 넓게 펴준다.

④ 여러 가지 색으로 만든 수국 꽃들을 5~6개씩 흰색 플로랄 테이프(floral tape)로 감아준다.

02_ 은방울꽃(lily of the valley)만들기

① 플라워 페이스트 0.5g을 작은 아기모자모양으로 만들고 주변을 미니 롤링 핀(mini rolling pin)으로 밀어 펴주고 은방울 꽃 커터(lily of the valley cutter)로 찍어낸다.

② 작은 볼 툴(mini ball tool)을 이용, 중앙부분부터 조금씩 방울모양으로 공간을 넓혀준다.

③ 꽃술을 한가운데에 꽂아 고정시킨다.

④ 아직 피지 않은 꽃봉오리는 꽃 반죽을 둥글려 꽃술에 고정시키고 팔레트 나이프(palette knife)로 꽃잎의 피지 않은 부분을 눌러 표현해주고 녹색 더스팅 컬러(powdered dust color)를 끝 부분에 살짝 칠한다.

⑤ 은방울꽃 엮기 : 봉오리를 작은 것부터 2~3개 먼저 윗부분에 엮어주고 차례로 활짝 핀 은방울꽃을 엮어준다.

03_ 미니 소스 팬에 꽃꽂이하기

① 소스 팬 앞부분에 은방울꽃을 늘어지게 꽂는다.

② 엮어놓은 수국을 중앙 부분부터 소스 팬 가득하게 꽂아준다.

27 요정의 집 fairy house

01_ 주전자 모양 케이크 만들기

① 반구형 케이크 모양을 다듬어 주전자 윗부분과 아랫부분 모양으로 다듬는다.

② 슈가 페이스트를 밀어 펴고 매끈하게 커버해준다.

③ 케이크 받침에 주전자를 옆으로 놓고 입구와 뒷부분에 둥글게 슈가 페이스트를 붙여준다.

④ 한쪽 옆에 주전자 꼭지를 곡선으로 만들어 붙이고 다른 쪽에는 3자 모양으로 손잡이를 만들어 붙인다.

⑤ 주전자 입구에 커튼을 2겹으로 붙인다.

02_ 요정 만들기

① 모델링 반죽을 피부색으로 만들어 놓는다.

② 몸을 먼저 빚어 놓고 다리를 만든다.

③ 몸에 다리를 고정 시키고 꽃잎으로 한장 한장 붙여 옷을 입힌다.

④ 어깨 부분에 팔을 붙여 고정시키고 얼굴을 만들어 목 부분에 붙인다.

⑤ 꽃모양 모자를 만들어 머리에 씌우고 작은 덩굴을 만들어 모자 꼭지에 붙인다.

⑥ 날개를 만들어 펄 파우더(lustre dusting powder)를 더스팅 한 후 어깨 뒤쪽에 붙인다.

03_ 장작 만들기

① 옅은 갈색과 진한 갈색 슈가 페이스트를 만들고 2가지 색을 함께 굴려줘 무늬가 있는 나무를 모양 결이 생기면 알맞은 크기로 잘라 건조시킨다.

② 주전자 손잡이 부분에 장작을 쌓아놓은 것처럼 붙인다.

04_ 아이비 잎 덩굴 만들기

① 초록색 플라워 페이스트에 와이어를 끼워 보드위에 올린 후 롤링 핀(rolling pin)으로 얇게 밀어준다.

② 아이비 잎 커터(ivy leaf cutter)로 찍어내고 셀 패드(cel pad) 위에 올려 웨이브를 만들어준다.

③ 2~3가지 초록색 더스팅 파우더(powdered dust color)를 부분적으로 칠해 자연스럽게 만든다.

④ 작은 잎부터 엮어주며 위쪽으로 갈수록 좀 더 큰 잎을 엮어 덩굴을 표현한다.

05_ 스텐실하기

① 같은 모양의 그림을 OHP 필름에 3장 만든다.

② 한 장은 꽃 모양만 오려내고 또 한 장은 줄기 모양만 오려내며 남은 한 장은 잎 모양만 오려낸다.

③ 꽃 모양의 필름을 주전자 윗부분에 고정시키고 핑크색 더스팅 파우더(powdered dust color)로 그라데이션을 나타내며 칠한다.

④ 잎과 줄기도 초록색 더스팅 파우더(powdered dust color)로 같은 방법으로 칠한다.

06_ 완성하기

아이비 잎 덩굴을 주전자 옆에 고정시키고 요정들도 주전자 위쪽과 아래쪽에 고정하여 붙여준다.

28 단추 케이크

01_ 슈가 페이스트를 밀어 펴고 정육면체의 케이크에 커버를 해준다.

02_ 면마다 스무더(smoother)로 매끄럽게 해주고 아랫부분의 반죽을 잘 정리하여 준다.

03_ 작은 롤링 핀(mini rolling pin)으로 플라워 페이스트를 밀어 펴 알맞은 폭과 길이로 잘라내 양쪽 프릴을 만들어 4각형의 면 중앙에 붙여준다.

04_ 모델링 반죽으로 원형 모양 깍지를 이용하여 단추 모양을 만들어 붙이고 실로 꿰맨 것처럼 로얄 아이싱을 짠다.

05_ 나비넥타이와 비슷하게 리본을 만들어 둔다.

06_ 큰 것부터 차례로 어슷하게 쌓아 올리고 만들어 둔 리본을 붙인다. 케이크와 케이크의 이음매 부분에는 로얄 아이싱 레이스를 붙인다.

29 하우스 웨딩

01_원형 케이크에 슈가 페이스트를 커버링해주고 스무더(smoother)로 윗부분과 가장자리를 매끄럽게 해준다.

02_슈가 페이스트를 인디안 핑크색으로 만들어 얇게 밀어준다.

03_리본을 여러 개 만들어 어슷하게 쌓아 폼폰 보우를 만들어 놓는다.

04_케이크 아랫부분에 볼륨있는 슈가 페이스트를 알맞은 폭으로 잘라 2겹 붙여준다.

05_양쪽 가장자리에 프릴을 만들어준 리본을 둘러 붙이고 진주 단추를 붙인 사이 사이에 로얄 아이싱 레이스를 붙인다.

06_케이크 하단에 슈가페이스트 진주를 만들어 붙인다.

07_보우 중앙에 비슷한 컬러의 장미를 한 송이 얹어 마무리 한다.

○○30 꽃 향로

반침부분은 용이 승천하는 듯한 격동적인 자세를 표현하기 위해 굴곡진 몸체의 꼬리와 그곳에서 뻗어 나온 구름모양의 갈기를 투각 장식하였다. 용의 정수리에서 솟아오른 뿔은 두 갈래로 갈라져 목 뒤까지 길게 뻗어있는 것처럼 만들었으며, 입안으로 날카로운 이빨까지 보이도록 세밀하게 묘사해보았다. 여기에 상상속의 길조 봉황을 별도로 제작하여 향로 탑 위에 올렸다.

01_향로 만들기

① 슈가 페이스트로 용의 몸통을 먼저 만들어 감아 올라가는 듯한 모양으로 건조시킨다.

② 3개의 다리를 만들어 붙이고 발가락의 마디마디와 날카로운 발톱도 만들어 붙인다.

③ 구름문양을 만들어 다리 사이사이의 공간을 채우듯 붙여준다.

④ 꼬리부터 비늘을 하나하나 찍어내어 머리 밑의 목까지 균일하게 붙인다.

⑤ 입을 벌리고 있는 모양으로 머리를 만들어 붙이고 뿔과 이빨 등을 만들어 붙인다.

⑥ 반구형 컵 모양의 슈가 페이스트 컵을 만들어 용 머리위에 얹고 큰 나뭇잎으로 구형 주변에 일정한 간격으로 붙인다.

⑦ 잎 사이사이에 모양몰드를 이용한 까메오(cameo)를 붙인 후 가장자리에 로얄 아이싱으로 구슬짜기를 해준다.

⑧ 컵 가장자리에 엠보싱 무늬를 찍어준 슈가페이스트 리본을 두르고 붙인다.

⑨ 컵 안쪽에도 스트레이트 프릴 (straight frill)을 이용한 띠를 만들어 붙여준다.

⑩ 골드 파우더 (metallic lustre dust powder)를 알코올과 함께 섞어 붓으로 고르게 칠한다.

02_향로 윗부분 만들기

① 슈가 페이스트를 이용 원뿔형태의 돔 모양으로 만들어 건조시킨다.

② 악기를 연주하는 천사를 몰드를 이용하여 찍어내고 가장자리를 잘 다듬어 건조시킨다.

③ 꽃과 리본 문양, 기타 여러 가지 문양몰드를 이용하여 찍어낸 것을 가장자리를 잘 다듬어 일정한 위치를 정하고 붙여준다.

④ 골드 파우더(metallic lustre dust powder)를 알코올과 함께 섞어 붓으로 고르게 칠한다.

03_봉황 만들기

① 슈가 페이스트 반죽으로 머리와 몸통을 만들어 목 부분은 곡선으로 만들어 건조시킨다.

② 보드 위에서 슈가 페이스트를 얇게 밀어주고 깃털 모양으로 오려내고 꼬리 쪽부터 붙여 나간다.

③ 날개 부분도 위 ②와 같은 방법으로 만들어 날개 끝 부분부터 붙여나간다.

④ 머리 부분의 벼슬과 눈 모양을 붙여준다.

⑤ 골드 파우더(metallic lustre dust powder)를 알코올과 함께 섞어 붓으로 고르게 칠한다.

04_ 리 로즈 (Lee rose) 만들기

Lee rose는 많은 시행착오를 거쳐 개발해 낸 장미로, 세계 최초로 반죽만으로 잎맥까지 표현한 것이다. Lee rose는 그 독창성을 인정받아 BSG(British Sugarcroft Guild) 계간지에 발표되었다.

① 플라워 슈가 페이스트로 봉오리를 만들어 와이어에 끼워 놓는다.

② 노란색 플라워 페이스트를 셀 보드(cel board) 위에 얇게 밀어 놓는다.

③ 주황색 플라워 페이스트와 노란색 플라워 페이스트를 세로 줄무늬가 만들어지도록 섞어 놓는다.

④ 위 ③의 슈가 페이스트를 얇게 밀어 ②의 슈가 페이스트와 겹쳐 밀어준다.

⑤ 장미꽃커터(rose cutter)로 찍어내고 셀 패드(cel pad)위에서 가장자리에 볼툴(ball tool)을 이용하여 웨이브를 만들어주고 볼륨을 만들어 봉오리에 붙인다.

⑥ 차츰 장수를 늘려 붙여 활짝 핀 장미꽃을 만들고 꽃받침과 로즈 힙(rose hip)을 만들어 붙인다.

05_ 데이지 만들기

① 와이어에 노란색 플라워 페이스트로 꽃술을 만들어 붙인다.

② 흰색 플라워 페이스트를 밀어 펴고 데이지 커터(daisy cutter)로 찍어내고 셀 패드(cel pad) 위에 올려 드레스덴 툴(dresden tool)을 이용하여 잎맥과 볼륨을 만들어 ①의 꽃술에 붙인다.

③ ②의 데이지 꽃잎을 크기별로 6겹 이상 붙이고 초록색 플라워 페이스트로 꽃받침까지 붙여준다.

06_ 완성하기

① 향로 위에 장미꽃과 데이지꽃을 가득 꽂아준다.

② 돔형 모양 위에 봉황도 얹어 고정시킨다.

③ ②의 뚜껑을 덮어 완성한다.

31 연인 sweetheart

01_ 쿠션 모양 만들기

① 더미(dummy)를 쿠션 모양으로 다듬어 놓는다.

② 빨간색 슈가 페이스트를 실리콘 페이퍼(silicon paper) 위에서 밀어 펴고 무늬가 있는 롤링 핀(patterned rolling pin)으로 밀어 더미(dummy)에 쿠션모양으로 붙여준다.

③ 플라워 슈가페이스트를 밀어 5잎 꽃잎커터(5 petal cutter)로 찍어내고 가운데 부분을 다시 한번 찍어내어 공간을 만들어주고 쿠션 가장자리에 일정한 간격으로 붙인다.

④ 위 ③에서 찍어낸 잎모양을 쿠션 위쪽으로 연결하여 붙인다.

⑤ 쿠션 끝단 가장자리에도 커터로 찍어낸 슈가 페이스트를 레이스처럼 붙인다.

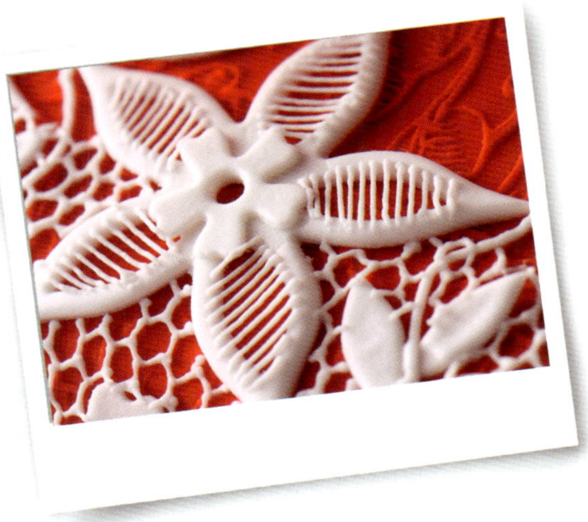

⑥ 로얄 아이싱으로 ③의 꽃모양에 선 짜기를 해주고 주변에 벌집모양으로 로얄 아이싱을 짜주어 전체적으로 레이스 느낌이 나도록 해준다.

⑦ 네 귀퉁이에 슈가 크래프트 건(sugarcraft gun)을 이용하여 슈가 페이스트 수술을 달아준다.

02_ 캔디베개 모양 만들기

① 더미(dummy)를 긴 베개 모양으로 다듬어 놓는다.

② 중앙 부분에 흰색 슈가 페이스트를 밀어 무늬 롤링 핀으로 무늬를 만들어주고 펄을 칠해준 다음 붙여준다.

③ 가장자리 쪽에는 빨간색 슈가페이스트를 무늬 롤링 핀으로 밀어펴서 무늬를 만든후 펄을 칠하여 베개 가장자리 양쪽에 붙인다.

④ 양쪽 가장자리에 주름을 자연스럽게 만들고 퀼팅 툴을 이용하여 바느질한 느낌을 표현한 후 마무리 해준다.

03_심비디움(cymbidium orchid) 만들기

① 와이어를 적당한 길이로 잘라 놓는다.

② 진주황색 플라워 페이스트를 타원형으로 만들어 셀 보드(cel board)의 홈에 눌러준 다음 돌출된 부분에 와이어를 끼워주고 다시 보드의 홈 부분에 놓고 얇게 밀어 펴준다.

③ 심비디움 커터(cymbidium cutter)로 찍어내고 가장자리를 볼 툴(ball tool)로 좀 더 얇게 펴준 후, 셀 패드(cel pad)위에 올려놓고 가장자리에 웨이브를 만든다.

④ 암술꽃잎 가장자리에 작은 프릴을 만들어주고 안쪽꽃잎, 바깥쪽 꽃잎을 각각 위와 같은 방법으로 만들어 곡선으로 살짝 건조시킨 후 수술과 꽃잎 가운데에 더스트 컬러(powdered dust color)를 칠해준다.

⑤ 암술 가운데 부분에 꽃술을 붙이고 수술 끝에도 술을 붙인 다음 꽃가루를 묻혀 준다.

⑥ 암술과 수술이 서로 마주보도록 엮어 고정시키고 나머지 꽃잎을 좌우를 맞춰가며 한 송이의 꽃으로 엮어준다.

⑦ 봉오리를 만들어놓고 아이비 잎도 만들어 엮어 놓는다.

⑧ 봉오리부터 엮고 활짝핀 심비디움 오키드를 엮어 놓는다.

04_완성하기

쿠션 위에 베개 모양을 올려 고정시키고 그 위에 주황색 심비디움 오키드를 올려 완성해준다.

32 십자수 케이크 Cross stitch cake

01_케이크를 육각 기둥모양으로 다듬어 놓는다.

02_슈가 페이스트를 롤링 핀으로 밀어 펴고 무늬가 있는 롤링 핀(patterned rolling pin)으로 다시 한번 밀어 무늬를 만들어 준다.

03_위의 반죽을 01의 모양에 덮어 씌워 스무더(smoother)로 매끈하게 붙이며 여분의 반죽은 팔레트 나이프(palette knife)로 잘라낸다.

04_케이크 받침도 슈가 페이스트로 커버링하고 엠보서(embosser)를 이용하여 무늬를 찍어준다.

05_무늬가 있는 롤링 핀으로 직물 느낌의 슈가 페이스트 보드를 만들어 놓고 가장자리에도 스트레이트 프릴 (straight frill) 도구를 이용하여 정리된 느낌의 보드를 만들어 건조시킨다.

06_방안지(squared sheet)에 여러 가지 꽃 그림과 동물 그림을 그려 놓는다.

07_색연필을 이용하여 그림 위에 색칠을 해놓는다.

08_그림과 같은 색의 여러 가지 로얄 아이싱을 만들어 놓고 각각의 로얄 아이싱을 미니 파이핑 백(piping bag)에 넣어 놓는다.

09_왼쪽 위 부분부터 칸수를 세어가며 X자 모양으로 자수를 놓듯이 짜서 06의 그림과 같이 표현한다.

10_수놓은 보드가 건조되면 케이크 옆면에 세워 고정시킨다.

11_케이크 탑의 액자모양도 같은 방법으로 만들며 액자 가장자리에 슈가 와이어를 만들어 2가닥 꼬기를 하여 붙인다.

33 골든 웨딩

01_ 다듬어 놓은 원형 케이크에 슈가 페이스트를 밀어 커버링 해준다.

02_ 케이크 하단 가장자리에 로얄 아이싱으로 구슬짜기를 해준다.

03_ 잎 모양 몰드에 슈가 페이스트를 밀어 가장자리를 모양대로 오려주고 매끈하게 다듬어 준다.

04_ 곡선으로 건조시키고 길데솔(gildesol)을 바른 뒤 골드 파우더(metallic lustre dust powder)를 고르게 칠해준다.

05_ 슈가 페이스트를 밀어 각각 다른 넓이로 길게 잘라주고 3겹 붙이기를 하여 일정한 길이로 잘라준다.

06_ 굵은 롤링 핀(rolling pin) 위에 걸쳐 05를 건조 시킨다.

07_ 케이크 옆면에 일정한 간격을 먼저 표시한 후 건조된 06의 슈가 페이스트를 붙인다.

08_ 07의 윗부분에 04의 잎 모양을 한 장씩 붙인다.

09_ 케이크 아래쪽 가장자리에도 04의 잎을 한 바퀴 돌려 붙인다.

10_ 커터를 이용하여 만든 신랑과 신부드레스에 펄 파우더(lustre dust powder)를 더스팅하고 케이크 탑 위에 고정시킨다.

34 다정한 커플

01_원형 케이크 윗부분을 곡선으로 매끈하게 다듬어 놓는다.

02_연보라색 슈가 페이스트를 부드럽게 만들어 실리콘 페이퍼(silicon paper) 위에서 롤링 핀(rolling pin)으로 밀어 편다.

03_케이크 위에 커버를 하며 스무더(smoother)를 이용하여 측면을 매끄럽게 해주고 나머지 반죽을 팔레트 나이프(palette knife)로 잘라낸다.

04_스무더(smoother)로 다시한번 케이크 표면을 매끄럽게 해놓는다.

05_케이크 둘레에 재단을 한 종이 띠를 두르고 모양대로 오린 다음 드레스덴 툴(dresden tool) 끝을 이용하여 점을 찍어준다.

06_익스텐션을 할 수 있는 정도의 흰색 로얄 아이싱을 파이핑 백(piping bag)에 넣은 다음 No.1의 튜브를 이용하여 곡선 브리지를 만들어주고 그위에 안개꽃을 올려 붙인다.

07_06의 브리지 위에 No.0의 튜브로 촘촘한 익스텐션 짜기를 해준후 윗단에도 곡선 브리지를 만들고 다시 익스텐션 짜기를 해준다.

08_OHP 필름위에 미니 하트를 짜서 건조시키고 익스텐션 가장자리에 조심스럽게 하트를 한 바퀴 붙인다.

09_상 · 하단을 함께 고정시키고 가장자리에 별 모양 튜브로 마무리해준다.

10_탑 위에는 모델링 페이스트로 두 마리의 비둘기를 만들어 올린다.

35 2개의 볼

01_ 구형 커버링하기

① 구형 케이크에 커버할 때는 슈가 페이스트를 약간 두껍게 밀어 편다.

② 구형 케이크 위에 덮어 씌우고 주름이 생기지 않도록 조금씩 늘리면서 커버를 해나간다.

③ 커버가 완성되면 퀼팅 툴/룰렛(quilting tool /roulette)을 이용하여 무작위로 선을 그어준다.

④ 분리된 각 면마다 색이 겹치지 않도록 더스팅 파우더(powdered dust color)를 칠해준다.

⑤ 윗부분에 로얄 아이싱을 흘러 내리도록 짜준 후 건조시킨다.

02_ 말아감은 꽃장식 만들기

① 슈가 페이스트를 밀어펴 앞 뒤로 약간씩 건조시킨다.

② 위 ①을 조금 길고 넓게 잘라내고 반으로 길게 접어 대강 주름을 만들어놓고 한쪽 끝부분부터 꽃 모양이 되도록 감아준다.

③ 로프 모양은 반죽을 슈가크래프트 건(sugarcraft gun)으로 길게 뽑아 연속 고리 만들기를 해주고 길게 만들어진 고리를 접으면 로프처럼 보인다.

03_ 스위트피 만들기

① 와이어를 잘라 고리를 만들어 놓는다.

② 작은 콩 모양의 슈가 페이스트로 납작한 콩을 만들어 1/3 분량을 잘라내고 고리에 끼워 고정시켜 놓는다.

③ 플라워 페이스트를 얇게 밀어 스위트피 안쪽 꽃커터(sweet pea cutter)로 찍어 툴로 잎맥을 만들어주고 셀 패드(cel pad) 위에서 볼 툴(ball tool)로 가장자리에 웨이브를 만들어 ②의 콩을 중앙에 오도록 붙인다.

④ 플라워 페이스트를 얇게 밀어 스위트피 바깥쪽 꽃커터 (sweet pea cutter) 로 찍어 잎맥을 만들어주고 셀 패드(cel pad) 위에서 볼 툴로 웨이브를 만든 후 ③의 콩이 중앙에 오도록 붙인다.

⑤ 초록색 슈가 페이스트로 작은 꽃받침을 만들어 붙인다.

⑥ 초록색 슈가 페이스트를 셀 보드(cel board) 위에서 밀어 잎을 만들어주고 초록색 더스팅 파우더(powdered dust color)를 칠한 후 엮어준다.

⑦ 봉오리부터 덩굴 식물처럼 꽃과 잎을 함께 엮어준다.

04_ 완성하기

① 2개의 구형을 2단으로 올려 고정시키고 받침 가장자리에 준비해둔 말아 감은 꽃장식도 붙인다.

② 탑에 스위트피 꽃을 얹어 마무리 해준다.

36 종소리

01_종 만들기

① 큰 종과 작은 종 모양을 다듬어 놓는다.

② 커버 페이스트를 밀어 종 모양에 씌워 붙이고 가장자리의 여분의 반죽을 잘라낸다.

③ 원형 튜브를 끼운 파이핑 백(piping bag)에 로얄 아이싱을 만들어 넣고 종 위쪽부터 문양을 만들며 짜준다.

④ 아이싱이 건조되면 슈가 페이스트를 얇게 밀어 펴고 무늬가 있는 롤러로 무늬를 만들어주고 일정한 넓이로 잘라 길게 늘어지는 리본을 만들어 그린 펄(lustre dusting powder)과 골드 더스팅 파우더(metalic lustre dusting powdere)를 칠하여 붙인다.

⑤ 위쪽에도 슈가 페이스트 리본으로 2개의 고리를 만들어 붙인다.

02_골든 로즈 만들기

① 와이어를 잘라 끝에 고리를 만들어준다.

② 옅은 옐로우 슈가 플라워 페이스트로 물방울 모양의 봉오리를 만들어 ①의 고리를 끼워 놓는다.

③ 옅은 옐로우 슈가 플라워 페이스트를 밀어 펴 장미꽃 커터(rose cutter)로 찍어내고 가장자리에 웨이브와 볼륨을 만들어주고 봉오리에 붙인다.

④ 일정한 간격에 맞춰 붙인 꽃잎을 뒤쪽으로 쓰다듬듯이 하여 자연스런 꽃잎을 표현한다.

⑤ 바깥쪽으로 갈수록 볼륨이 있는 꽃잎을 붙여야 풍성한 장미를 즐길 수 있다.

⑥ 초록색 슈가 페이스트로 꽃받침을 만들고 볼 툴(ball tool)로 볼륨감을 주며 가장자리를 공예용 미니가위(craft scissors)로 오려준 후 장미 아래쪽에 붙인다.

⑦ 꽃받침 아래쪽에는 로즈 힙(씨방)을 붙여 골든 로즈를 완성한다.

37 한국의 리듬

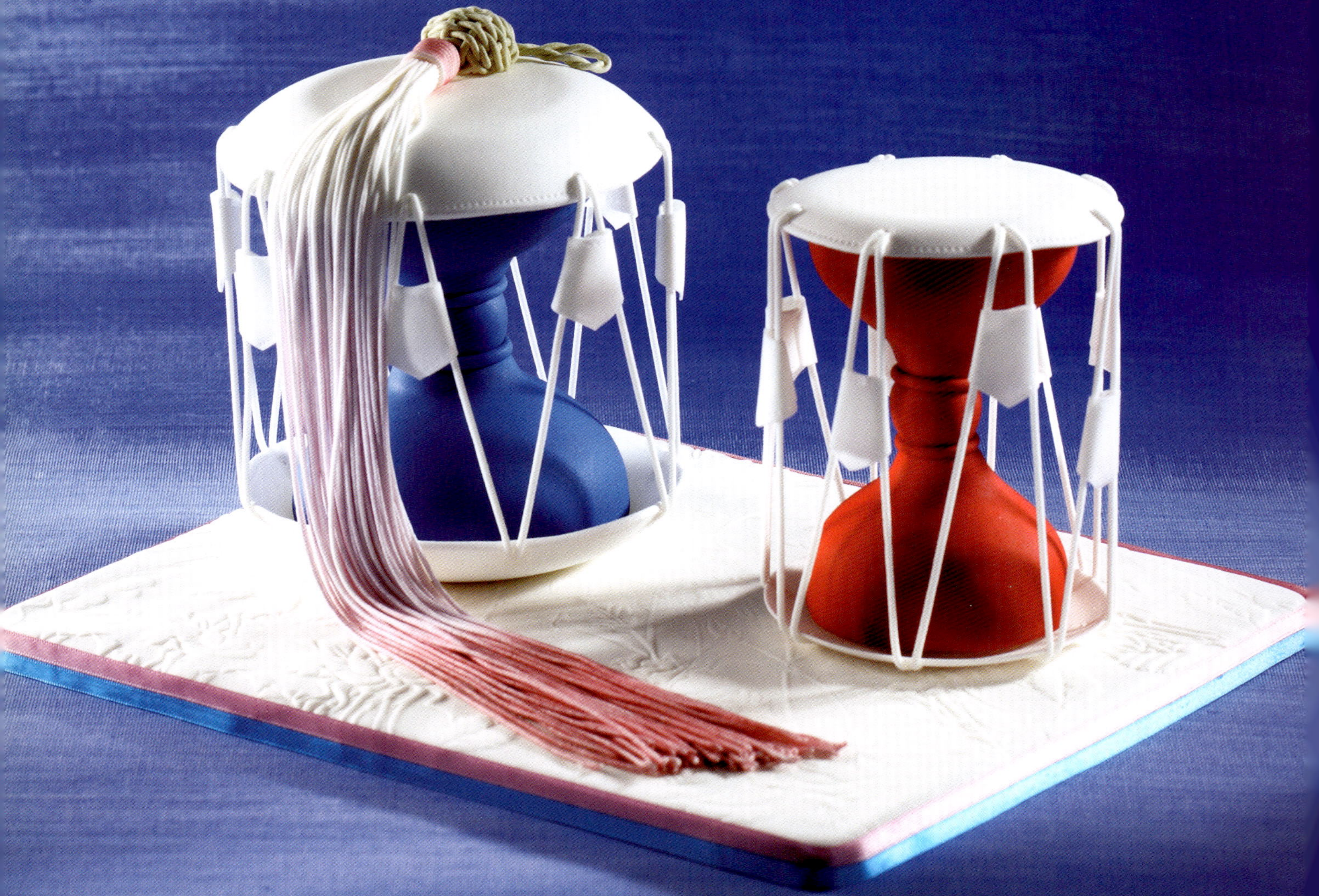

01_ 장구 만들기

① 장구 모양 더미(dummy)를 오른쪽과 왼쪽으로 분리하여 다듬어 놓는다.

② 흰색 슈가 페이스트로 장구 양쪽을 원형 가죽 모양으로 오린 다음 가장자리에는 퀼팅 툴/룰렛(quilting tool/roulette)을 이용하여 꿰맨 것처럼 무늬를 만들어 건조시킨다.

③ 빨간색과 파란색의 슈가 페이스트를 밀어 편 다음 다듬어 놓은 장구 모양에 씌워 건조시킨다.

④ ③의 아래 위에 ②의 건조된 슈가페이스트를 붙인다.

⑤ 슈가 건을 이용하여 길게 뽑은 슈가 페이스트를 일정한 간격으로 아래 위쪽에 붙인다.

⑥ 흰색 슈가 페이스트를 5각형으로 오려내고 가장자리에 퀼팅 툴/룰렛(quilting tool/roulette)으로 문양을 만든 후 장구의 2개의 선에 붙인다.

02_ 노리개 만들기

① 슈가크래프트 건(sugarcraft gun)으로 흰색 슈가 페이스트를 뽑아내어 직조를 짜듯이 직사각형으로 짜준다.

② 슈가 페이스트를 둥글게 만들어 위 ①의 가운데 놓고 가장자리를 잘 붙여 그린색 더스팅 펄(lustre dusting powder)을 붓으로 칠해둔다

③ 슈가크래프트 건(sugarcraft gun)으로 흰색 슈가 페이스트를 뽑아내어 한 가닥씩 떨어지게 하여 윗 부분을 슈가 페이스트 실로 돌려 감아 준다.

④ 위 ③의 술에 연보라 더스팅 펄(lustre dusting powder)을 칠하고 끝부분에는 진한 보라 컬러(powdered dust color)를 더스팅한다.

⑤ ②의 둥근 모양과 ③의 술 모양을 함께 연결해 주고 윗부분에 고리를 꼬아 만들어 붙여 장구 위에 걸쳐 놓는다.

38 요정의 언덕 fairy hill

01_ 케이크 커버하기

① 높이 14cm까지의 아래쪽은 좀 더 퍼진 케이크 모양으로 다듬어 놓는다.

② 진한 블루계열의 페이스트 컬러를 슈가 페이스트에 넣고 고르게 섞어 롤링핀(rolling pin)으로 밀어 펴 놓는다.

③ 밀어 편 반죽을 ①의 모양에 덮어씌우고 가장자리에 주름이 생기지 않도록 스무더(smoother)를 이용하여 표면을 매끄럽게 해주고 여분의 슈가 페이스트를 잘라낸다.

02_ 악기를 연주하는 천사 만들기

① 천사 몰드에 이형제(離形劑)를 고르게 발라 놓는다.

② 모델링 슈가 페이스트를 몰드속에 고르게 넣고 롤링 핀(rolling pin)으로 약간의 압력을 가해 밀어준다.

③ 몰드에서 꺼낸 후 가장자리 여분의 슈가 페이스트를 가위로 다듬어준다.

④ 천사 표면에 펄 파우더(lustre dusting powder)를 칠해준다.

03_ 로얄 아이싱으로 무늬 짜기

① 아이싱 슈가파우더와 흰자와 레몬즙을 고르게 섞어 파이핑 백(piping bag)에 넣는다. (로얄 아이싱 만들기 참조)

② 커버해놓은 표면에 로얄 아이싱 무늬가 들어갈 곳을 표시해 놓는다.

③ 표시해 둔 라인 안쪽에 No.18 별모양 튜브를 끼운 파이핑 백(piping bag)으로 중앙이 좀 더 넓은 옥수수와 비슷한 모양 짜기를 해준다.

④ No.3 원형튜브로 일정간격을 띄운 가로와 세로 사선 짜기를 해준다.

⑤ No.2 모양 원형튜브로 위 ④의 사선짜기 한 위에 겹쳐 짜기를 해준다.

⑥ No.1 원형튜브로 ⑤의 위에 겹쳐 짜기를 해준다.

⑦ 타원형 그물모양의 입체적인 모양 가장자리에 No.73 별모양 튜브로덩굴 문양 돌려 짜기를 한다.

⑧ 하단의 여백에도 덩굴 문양 짜기로 마무리한다.

04_ 완성하기

악기를 연주하는 천사를 일정한 간격으로 붙이고 아랫단에 윗단을 올려 마무리한다.

39 오색규방

01_ 모양 다듬기

① 구형 모양을 6등분하여 윗부분과 아랫부분을 꽃모양으로 다듬고 옆면도 볼륨감있게 다듬어 놓는다.

② 골이 있는 부분을 특히 매끄럽게 다듬어 놓아야 한다.

02_ 슈가 페이스트 붙이기

① 슈가 페이스트를 같은 계열의 색이 조금씩 다르게 하여 밀어 펴놓고 무명천 문양을 만들어 놓는다.

② 다듬어 놓은 구형의 마름모 규격대로 자르고 가장자리에 퀼팅 툴/룰렛(quilting tool/roulette)을 이용하여 바느질한 것처럼 무늬를 만들어 같은 색이 겹치지 않도록 붙여준다.

③ 홈이 파인 부분에 흰색 로얄 아이싱 짜기를 해주고 상단에 작은 진주 볼을 만들어 붙인다.

03_ 들꽃 만들기

① 와이어를 잘라 고리를 만들어놓는다.

② 플라워 페이스트를 물방울 모양으로 만들어 5등분하여 자른다.

③ 잘라진 플라워 페이스트를 두 손가락으로 가볍게 눌러 꽃잎 모양으로 펴주고 이것을 다시 셀 패드(cel pad) 홀 위에 올려놓는다.

④ ③의 꽃잎을 드레스덴 툴(dresden tool)로 다시 한번 눌러 펴주기를 하고 꽃가루를 묻힌 와이어를 중앙에 꽂아주고 고정시킨다.

⑤ 위의 꽃을 여러 개씩 함께 엮어 작은 다발로 만들어 잎과 함께 덩굴처럼 엮어준다.

⑥ 작은 울타리 모양에 덩굴 들꽃을 장식해준다.

40 퀼트 플라워

01_ 퀼트(quilt)하기

① 흰색 슈가 페이스트를 밀어 가장자리가 작은 곡선이 되는 스트레이트 툴(straight tool)을 이용하여 직사각형으로 잘라낸다.

② 잘라낸 직사각형 모양을 곡선이 되도록 건조시킨다.

③ 플라워 페이스트를 여러 가지 꽃 컬러로 만들어 둔다.

④ 롤링 핀(rolling pin)으로 얇게 밀어 편 플라워 페이스트를 작은 꽃 모양 틀로 같은 계열의 3가지 색을 찍어 놓는다.

⑤ 꽃잎을 각각 2~3장으로 잘라 작은 반죽덩이를 붙인 꽃모양 위에 덧붙인다.

⑥ 가장자리에 퀼팅 툴/룰렛(quilting tool/roulette)을 이용하여 바늘로 꿰맨듯한 느낌을 준다.

⑦ ⑥의 꽃모양을 ②의 표면에 크기와 컬러가 적절히 배치되도록 하고 단단히 붙인다.

⑧ 잎과 리본도 같은 방법으로 만들어 적당한 위치에 붙인다.

02_ 퀼트 액자 만들기

① 슈가 페이스트로 가장자리가 곡선인 타원형의 보드를 만들어 놓는다.

② 안쪽에 타원이 되도록 가장자리쪽에 슈가 페이스트를 붙여 볼륨을 만들어 놓는다.

③ 안쪽에는 면직물처럼 무늬를 낸 슈가 페이스트를 타원으로 잘라 가장자리에 작은 롤링 핀으로 프릴을 만들어 붙인다.

④ 슈가 페이스트로 백조 머리모양을 오리고 안쪽에 슈가 반죽을 길게 만들어 넣고 퀼팅 툴/룰렛(quilting tool/roulette)으로 바느질해준다.

⑤ 하트 모양으로 2개의 머리모양을 맞붙여 주고 눈과 부리모양의 슈가 페이스트를 붙여준다.

⑥ 목 아랫부분에는 퀼트 꽃과 잎 모양을 모아 붙여준다.

⑦ 액자 자장자리에도 퀼트 꽃과 잎을 돌려 붙인다.

⑧ 스크롤 모양(scroll shape)을 만들어 덩굴처럼 붙여준다.

03_ 완성하기

① 흰색 슈가 페이스트를 커버한 케이크 측면에 로얄 아이싱으로 구슬짜기를 해준 후 일정한 간격으로 곡선의 퀼트 보드를 붙인다.

② 케이크 위에 타원형 퀼트액자를 올려준다.

°°41 2개의 액자

01_ 십자수 (cross stitch) 액자 만들기

① 슈가 페이스트로 직사각형의 보드를 만들어 놓는다.

② 안쪽에 타원이 되도록 가장자리쪽에 슈가 페이스트를 붙여 볼륨을 만들어 놓는다.

③ 슈가 페이스트를 직물 느낌으로 만들어 직사각형의 액자 위에 올려 잘 붙인다.

④ 가장자리에 슈가크래프트 건(sugarcraft gun)을 이용하여 긴 슈가 로프를 만들어 2가닥 꼬기를 하여 붙인다.

⑤ 연초록, 진초록, 연보라, 노랑, 살구색 등의 로얄 아이싱을 만들어 놓는다.

⑥ 방안지(section paper)에 덩굴과 잎모양을 그려보고 별과 하트 모양도 그려본다.

⑦ 액자 안쪽에 하트와 별모양을 십자수(cross stitch) 처럼 X모양으로 짜준다.

⑧ 가장자리의 덩굴과 잎 모양도 위와 같은 방법으로 짜서 무늬를 만든다.

02_ 퀼트 (Quilt)액자 만들기

① 슈가 페이스트로 가장자리가 곡선인 타원형의 보드를 만들어 놓는다.

② 안쪽에 타원이 되도록 가장자리쪽에 슈가 페이스트를 붙여 볼륨을 만들어 놓는다.

③ 안쪽에는 면직물처럼 무늬를 낸 슈가 페이스트를 타원으로 잘라 가장자리에 작은 롤링 핀으로 프릴을 만들어 붙인다.

④ 슈가 페이스트로 백조 머리모양을 오리고 안쪽에 슈가 반죽을 길게 만들어 넣고 퀼팅 툴/룰렛(quilting tool/roulette)으로 바느질해준다.

⑤ 하트 모양으로 2개의 머리모양을 맞붙여 주고 눈과 부리모양의 슈가 페이스트를 붙여준다.

⑥ 목 아랫부분에는 퀼트 꽃과 잎 모양을 모아 붙여준다.

⑦ 액자 자장자리에도 퀼트 꽃과 잎을 돌려 붙인다.

⑧ 스크롤 모양(scroll shape)을 만들어 덩굴처럼 붙여준다.

42 프린세스 부채

01_부채 살 모양의 본을 먼저 만들어 놓는다.

02_슈가 페이스트를 얇게 밀어 부채 살 모양의 본을 대고 오려낸다.

03_건조되기 전에 천공을 하여 건조시킨다.

04_건조된 부채살의 가장자리를 매끄럽게 다듬어준다.

05_따뜻한 색과 차가운 색의 더스팅 펄 파우더(lustre dusting powder)를 적절히 칠해준다.

06_얇게 밀어 편 플라워 페이스트를 미니 안개꽃 커터(mini blossom cutter)로 찍어내고 건조시켜 둔다.

07_부채 살 위에 로얄 아이싱으로 덩굴처럼 선을 짜고 그 주변에 06의 꽃모양을 붙인다.

08_장미 무늬가 있는 롤링 핀(rose patterned rolling pin)을 이용하여 받침을 만들고 그 위에 부채를 올린다.

09_완성된 부채 살을 하나하나 고정시키고 끝에 슈가크래프트 건(sugarcraft gun)으로 술을 뽑아 매듭을 만들어 고정시킨다.

43 나비 스탠드

01_ 나비 만들기

① 5가지 플라워 슈가 페이스트를 만들어 각각 얇게 밀어놓는다.

② 크기가 다른 나비 커터(butterfly cutter)로 각각의 색깔과 크기가 다른 나비 모양을 찍어 건조시킨다.

③ 나비 날개 부분에 펄 파우더(lustre dusting powder)를 칠한다.

02_ 스탠드 만들기

① 빨간색 슈가 페이스트를 밀어 원뿔형의 모양 위에 씌워 윗부분을 잘라내고 건조시킨다.

② 로얄 아이싱으로 작은 하트모양 레이스를 짜서 건조시킨다.

③ 흰색 슈가 페이스트를 밀어 작은 꽃문양을 찍어주고 원통형으로 만들어 건조시킨다.

④ 스탠드 받침도 빨간색으로 만들어 건조시킨다.

⑤ 건조된 ③을 ④의 위에 고정시키고 건조된 ①의 모양도 올려붙인다.

⑥ 하트모양의 로얄 아이싱을 스탠드 위 가장자리에 한 바퀴 돌려 붙인다.

03_ 수국 만들기

① 와이어를 잘라 고리를 만들어 끝에 꽃가루를 묻혀 놓는다.

② 플라워 페이스트를 물방울 모양으로 만들어 4등분하여 자른다.

③ 잘라진 플라워 페이스트를 두 손가락으로 가볍게 눌러 꽃잎 모양으로 펴주고 이것을 다시 셀 패드(cel pad) 홀 위에 올려놓는다.

④ 위 ③의 꽃잎가장자리를 드레스덴 툴(dresden tool)로 눌러 펴주기를 하고 꽃가루를 묻힌 와이어를 중앙에 꽂아 고정시킨다.

⑤ 위의 꽃을 여러 개씩 함께 엮어 작은 다발로 만들고 덩굴처럼 엮어준다.

⑥ 완성된 수국 꽃을 스탠드 상단에 올려준다.

°°44 핑크레이디

01_ 모자 만들기

① 모델링 페이스트를 옅은 인디안 핑크 색으로 만들어 놓는다.

② 실리콘 페이퍼(silicon paper) 위에서 원형으로 넓게 밀어 펴고 무늬가 있는 롤링 핀(patterned rolling pin)으로 밀어준다.

③ 반구형 모양 위에 씌워주고 가장자리를 커터(cutter)로 돌려가며 잘라낸다.

④ 가장자리에 키친타월을 원뿔 형태로 만들어 넣고 건조시킨다.

⑤ 남은 여분의 모델링 페이스트를 옅은 인디안 핑크, 진한 인디안 핑크 등 3가지 색으로 만들어 슈가크래프트 건(sugarcraft gun)으로 길게 뽑아 대강 꼬아주고 모자 테두리에 둘러준다.

⑥ 남은 막대모양의 슈가 페이스트는 중앙 부분을 약간 곡선으로하여 건조시킨다.

⑦ 옅은 핑크색 슈가페이스트를 얇게 밀어 작은 꽃무늬가 있는 롤링 핀으로 밀어주고 가장자리를 퀼팅 툴/룰렛(quilting tool/roulette)으로 무늬를 만들어 부채 접기를 한다. 가운데 부분은 슈가 리본으로 둘러주어 양쪽으로 펴진 부채처럼 만들어 건조시킨다.

02_ 삼색 들꽃 만들기

① 와이어를 잘라 고리를 만들어 끝에 꽃가루를 묻혀 놓는다.

② 플라워 페이스트를 3~4가지 색(인디안 핑크, 연보라, 옅은 인디안 핑크)으로 만들어 놓는다.

③ 플라워 페이스트를 물방울 모양으로 만들어 4등분하여 자른다.

④ 잘라진 플라워 페이스트를 두 손가락으로 가볍게 눌러 꽃잎 모양으로 펴주고 이것을 다시 셀 패드(cel pad) 홀 위에 올려놓는다.

⑤ ③의 꽃잎가장자리를 드레스덴 툴(dresden tool)로 눌러 펴주기를 하고 꽃가루를 묻힌 와이어를 중앙에 꽂아 고정시킨다.

03_ 모자완성하기

① 건조된 모자위에 부채 살 모양의 장식물을 먼저 고정시키고 곡선 막대모양들을 색깔별로 고정해서 모자에 붙인다.

② 삼색 들꽃들을 길이가 다르게 모아서 꽂아준다.

45 나의 사랑

01_ 아기 만들기

① 모델링 페이스트를 아기 피부색으로 만들어 놓는다.

② 먼저 몸 부분을 빚어주고 다리와 팔을 만들어 놓는다.

③ 다리는 좀 더 길게 늘려주고 무릎 부분을 표현해주고 발가락도 만들어 놓는다.

④ 팔부분도 팔꿈치 부분을 잘 표현해주며 손가락도 하나하나 표현해주고 손톱 부분도 만들어 놓는다.

⑤ 건조되기 전에 팔과 다리의 포즈를 정하여 건조시킨다.

⑥ 머리를 둥글게 빚어놓고 눈과 입을 만들거나 붙여주고 옅은 갈색 슈가 페이스트로 머리카락을 몇 가닥씩 만들어 붙인다.

⑦ 기저귀를 만들어 입히거나 젖병을 만들어주며 작은 이불을 만들어 놓고 머리카락에 리본을 만들어 붙이기도 한다.

02_ 아기 카펫 만들기

① 플라워 페이스트를 얇게 밀어 타원형의 커터로 찍어주고 가장자리에 무늬를 찍어준다.

② 타원형 카펫 가장자리에 마치 술이 달린 것처럼 공예용 미니 가위(craft scissors)로 잘게 잘라준다.

③ 실크 느낌이 들도록 화이트 펄(lustre dusting powder)을 칠해준다.

03_ 아기 장난감 만들기

① 말, 병아리, 강아지, 알파벳 상자모양의 커터(cutters)를 준비해 둔다.

② 슈가 페이스트를 각각의 모양에 따라 색을 만들어 밀어 펴준다.

③ 각각의 커터로 찍어낸 모양들의 가장자리를 매끄럽게 다듬어준다.

04_ 강아지 만들기

① 흰색과 갈색의 모델링 슈가 페이스트를 준비해 놓는다.

② 먼저 몸 부분을 약간 긴 둥근 형태로 빚어놓고 갈색 슈가 페이스트로 작은 둥근 모양을 만들어 붙인다.

③ 뒷다리 모양을 만들어주고 뒷발과 앞발을 만들어 붙인다.

④ 약간 갸름한 둥근 형태의 흰색 슈가 페이스트위에 눈 부분이 될 곳에 갈색 슈가 페이스트를 붙여준다.

⑤ 눈 부분을 작은 볼 툴(mini ball tool)로 눌러주고 입 부분도 표현해준다.

⑥ 눈동자를 만들어 붙이고 갈색 슈가페이스트로 길고 얇은 둥근 귀 모양을 만들어 양쪽에 붙여준다.

⑦ 작은 뼈 모양을 만들어 강아지 입에 붙인다.

05_ 완성하기

① 커버링한 케이크 모양위에 실크 카펫을 먼저 붙여주고 그 위에 아기들을 배치하여 고정 시킨다.

② 옆면에 아기 장난감 들(말, 병아리, 알파벳상자 강아지 등)을 붙인다.

③ 받침 앞부분에 강아지 2마리를 마주보는 것처럼 고정시킨다.

46 행복한 날

01_ 런 아웃 디자인하기

① 케이크 윗부분에 올릴 런 아웃을 디자인 하려면 먼저 윗부분의 원형보다 좀 더 작은 원을 그려 준다. 그렇게 해야 실수하지 않고 케이크 위에 올릴 수 있다.

② 케이크 바깥쪽으로 돌출된 부분은 좀 더 아름다운 곡선을 응용하여 디자인 해준다.

③ 중간 부분에는 약간의 공간을 만들어 섬세한 선 짜기를 해줄 수 있는 공간을 마련한다.

④ 측면에 붙일 것(아기들이 좋아하는 유모차, 아기 팬티, 장갑, 토끼 등)도 그려둔다.

⑤ 바닥면에도 런 아웃 장식을 해줄 디자인을 해주는데 이곳은 조각으로 붙일 수 있는 런 아웃을 응용해 가운데 부분은 필리그리(filigree) 형태의 그림을 그려 놓는다.

02_ 런 아웃 만들기

① 로얄 아이싱을 2가지 종류로 만들어 놓는다.

하나는 묽은 로얄 아이싱, 다른 하나는 레터링(lettering) 정도의 로얄 아이싱으로 만들어 각각 튜브를 끼워둔 파이핑 백(piping bag)에 넣어주고 로얄 아이싱이 뒤쪽으로 흘러가지 못하도록 밴딩(banding) 처리해준다.

② 케이크 윗부분에 올라갈 런 아웃은 No.0 원형 튜브를 이용하여 선 짜기 부분을 먼저 짜놓고 가장자리 부분은 No.2 원형 튜브를 이용하여 짜준다. 이때 선이 끊어지지 않도록 주의해 주어야 한다.

③ 선 짜기를 해주고 빈 공간에 묽은 로얄 아이싱을 지그재그로 짜주되 볼륨감이 있도록 짠다. 이때 기포가 생기지 않도록 주의해야 하는데 건조 후에 기포가 있는 부분이 움푹 들어가게 되면 좋지 않은 런 아웃이 될 수 있기 때문이다.

④ 유모차, 토끼, 장갑, 아기 기저귀 등도 같은 방법으로 만들어준다.

⑤ 케이크 받침의 런 아웃은 로얄 아이싱으로 필리그리(filigree)로 먼저 짜고 가장자리에 No.2 튜브로 짜서 공간을 만들어놓고 묽은 로얄 아이싱으로 공간을 채운다.

⑥ 완성된 런 아웃 모양위에 1시간동안 60W 의 백열전구 스탠드를 켜 놓아 표면에 광택을 만들며 건조시킨다.

03_ 완성하기

① 먼저 커버해 놓은 케이크 옆면에 건조된 런 아웃 유모차, 토끼, 장갑, 아기 기저귀 등을 붙인다.

② 받침 부분의 런 아웃도 간격을 맞춰가며 필리그리(filigree) 로얄 아이싱이 파손되지 않도록 조심스럽게 붙여주고 가장자리에 로얄 아이싱으로 작은 구슬을 짜준다.

③ 상단의 런 아웃도 중심을 잘 맞춰주고 섬세한 선 짜기 부분이 파손되지 않도록 주의하며 붙인다.

④ 작은 안개꽃을 찍어내어 런 아웃 위에 로얄 아이싱으로 적절히 붙인다.

⑤ 작은 꽃들은 구형으로 꽂아 놓은 것을 가운데 올려 완성한다.

47 좋은 아침

01_ 쇼파 만들기

① 쇼파 모양을 먼저 스케치해 본 후 모델링 슈가 페이스트를 엷은 핑크색으로 만들어 놓는다.

② 슈가 페이스트를 조금 두껍게 밀어 놓고 퀼팅 엠보서 (quilting Embosser)로 무늬를 찍어준다.

③ 팔레트 나이프(palette knife)를 사용하여 쇼파 모양으로 오려내어 건조 시킨다.

④ 팔걸이 부분과 등받이 부분도 오려내어 함께 건조시킨다.

⑤ 슈가 페이스트를 길게 굴려 끝 부분을 둥글게 말아서 쇼파 등받이 부분에 맞는 곡선으로 건조 시킨다.

⑥ 작은 미니 쿠션도 만들어 펄 파우더(lustre dusting powder)를 칠한 후 건조시킨다.

⑦ 다리 4개를 만들어 따로 건조시킨 것을 쇼파 아래쪽에 붙이고 등받이를 고정시킨 후 곡선 모양의 장식도 붙인다.

02_ 실크 숄 만들기

① 플라워 페이스트를 얇고 길게 밀어 펴준다.

② 꽃무늬가 있는 롤링 핀으로 무늬를 만들어주고 가장자리를 퀼팅 툴/룰렛(quilting tool/roulette)으로 꿰맨듯한 무늬를 만들어준다.

③ 숄 양쪽 끝부분은 나이프/블레이드 툴(knife/blade tool)을 이용하여 술처럼 잘라준다.

④ 완전히 건조되기 전에 소파에 자연스러운 주름을 만들며 걸쳐놓는다.

03_ 나팔꽃 만들기

① 와이어를 잘라 끝에 작은 고리를 만들어 놓는다.

② 와이어에 꽃술을 5개 고정시켜 놓고 슈가 글루를 바르고 세몰리나로 만든 꽃가루를 찍어 놓는다.

③ 플라워 페이스트를 연보라와 진보라, 핑크색으로 만들어 놓는다.

④ 흰색으로 꽃자루를 만들어주고 핑크색 플라워 페이스트를 붙여 넓은 원형으로 밀어 펴 원형 모양으로 오려낸다.

⑤ 중앙에 긴 나팔과 같은 홀을 만들어주고 가장자리에 볼 툴을 이용하여 웨이브를 만든 다음 그 중앙에 ②의 꽃술을 꽂아 고정 시킨다.

⑥ 초록색 플라워 페이스트로 꽃받침을 만들어 붙인다.

04_ 잎 만들기

① 와이어를 잘라 놓은 다음 엷은 초록색 플라워 페이스트를 잘라 물방울 모양으로 만든다.

② 와이어를 끼운 반죽을 셀 보드(cel board)홈 부분에 놓고 작은 롤링 핀(mini rolling pin)으로 얇게 밀어주고 나팔꽃 잎 커터(morning glory cutter)로 찍어준다.

③ 셀 패드(cel pad) 위에 잎을 올려놓고 가장자리에 볼 툴(ball tool)로 웨이브를 만들어준다.

④ 만들어진 잎에 엷은 초록색과 진한 초록색의 더스팅 파우더(powdered dust color)를 칠하여 자연스러움을 더해준다.

05_ 나팔꽃 덩굴 엮기

① 작은 잎부터 지그재그로 잎을 엮어주며 봉오리도 함께 엮는다.

② 아래쪽으로 갈수록 활짝 핀 나팔꽃을 함께 엮어준다.

③ 여러 줄기를 엮어 함께 모아준다.

48 미지의 세계로

특허 제 10-0851834호

01_자목련 만들기

① 흰색 플라워 페이스트에 자주색 플라워 페이스트를 덧씌운 반죽을 끝이 뾰족한 원뿔 형태로 만들어 와이어에 고정시킨다.

② 가위로 표면을 잘게 잘라주어 꽃술처럼 만들어 주고 세몰리나로 만든 꽃가루를 찍어준다.

③ 흰색 플라워 페이스트와 자주색 플라워 페이스트를 얇게 밀어 겹친 후 와이어를 끼워주고 다시 한번 밀어 접착시킨다.

④ 목련 꽃잎커터(magnolia cutter)로 찍어내고 잎맥을 만들어준 후 셀 패드(cel pad)위에 올려 웨이브를 만든다.

⑤ 적당한 볼륨감과 휘어짐을 표현하고 건조시켜 꽃술이 가운데 들어가도록 엮어준다.

⑥ 진한 녹색 슈가 페이스트로 껍질처럼 만들어 엮어주어 마무리한다.

02_ 가방 만들기

① 더미로 가방모양의 직사각형을 만들어 다듬어 놓는다.

② 엷은 갈색의 슈가 페이스트를 밀어 가죽 느낌의 무늬를 만들어주고 가방 아랫부분부터 붙인다.

③ 가방 윗부분도 같은 방법으로 붙이고 가장자리는 퀼팅 툴/룰렛(quilting tool/roulette)으로 모양을 만들어준다.

④ 가죽 문양의 손잡이를 만들어 곡선으로 건조시키며 양쪽에도 띠를 만들어주고 고리 쇠를 만들어 붙인다.

⑤ 모서리마다 금속성의 장식처럼 더스팅 파우더(lustre dusting powder)를 바른 슈가 페이스트를 오려 붙인다.

⑥ 작은 징을 박은것처럼 코너마다 금속성의 슈가 페이스트 구슬을 붙인다.

49 핸드백과 매화

01_타원형의 핸드백 모양의 더미(dummy)를 만들어 놓는다.

02_슈가 페이스트를 얇게 밀어펴고 무늬가 있는 롤링 핀(rolling pin)으로 다시 한번 밀어 무늬를 만들어준다.

03_밀어 편 슈가 페이스트 중앙에 더미(dummy)를 올리고 잔주름을 잡아주며 앞뒤쪽이 균형이 맞도록 붙이고 여분의 반죽을 잘라낸다.

04_긴 막대모양의 슈가페이스트 2개를 만들어 골드 파우더(metallic lustre dusting powder)를 칠한 후 나란히 붙이며 중앙에 구슬모양도 2개 붙인다.

05_작은 손수건을 묶은 것처럼 만들어 핸드백 위에 걸쳐 고정시킨다.

50 아뜨리에 슈즈

01_구두 바닥 모양의 스케치를 하여 오려둔다.

02_빨간색 슈가페이스트를 만들어 밀어 펴고 무늬 롤링 핀(patterned rolling pin)으로 밀어놓는다.

03_흰색 슈가 페이스트를 밀어 01의 바닥 모양을 만들어 골드 파우더(metallic lustre dusting powder)를 칠하고 뒷부분을 높여 건조시킨다.

04_구두 뒷굽을 따로 만들어 휘어지지 않도록 건조시킨다.

05_구두 앞부분 모양 본을 대고 02의 반죽을 오려 붙이고 가장자리에 작은 프릴을 만들어 붙인다.

06_슈가 건을 이용하여 길게 뽑은 슈가페이스트를 구두 가장자리에 붙인다.

°°51 뷰티캡 beauty cap

01_모델링 페이스트를 엷은 핑크색과 엷은 티파니 블루 컬러로 만들어 놓는다.

02_실리콘 페이퍼(silicon paper) 위에서 흰색 슈가 페이스트를 원형으로 넓게 밀어 펴고 무늬가 있는 롤링 핀(patterned rolling pin)으로 밀어준다.

03_반구형 모양 위에 씌워주고 가장자리를 커터(cutter)로 돌려가며 잘라낸다.

04_가장자리에 키친타월을 원뿔 형태로 만들어 넣고 건조시킨다.

05_엷은 핑크색과 티파니 블루 컬러 슈가페이스트를 얇게 밀어 작은 꽃무늬가 있는 롤링 핀(flower patterned rolling pin)으로 밀어주고 길게 잘라낸다.

06_가장자리에 퀼팅 툴/룰렛(quilting tool/roulette)으로 무늬를 만들어주고 모자 테를 먼저 붙인다.

07_2개의 고리가 있는 리본을 만들어 중앙 부분을 잘록하게 만들고 모자에 붙인다.

◦◦52 각설탕 공예 I Royal icing

01_ 모델링 나뭇잎 모양 접시 만들기

① 블루와 갈색의 슈가 페이스트를 밀어 펴고 나뭇잎 커터(leaf cutter)로 찍어내어 잎맥(veining mat)를 찍어준다.

② 위 ①의 나뭇잎 접시를 가운데 부분이 움푹 들어가도록 건조시킨다.

02_ 각설탕 아이싱하기

① 여러 가지색의 로얄 아이싱을 만들어 미니 파이핑 백(mini piping bag)에 넣어 놓는다.

② 작은 각설탕 위에 색상을 맞춰가며 여러 가지 그림을 그려 건조시킨다.

③ 완전히 건조된 각설탕을 나뭇잎 접시에 담아 받침대 위에 가지런히 올린다.

53 티 타임 tea time

01_ 청미래 만들기

① 갈색 와이어를 잘라 끝에 작은 고리를 만들어 둔다.
② 빨간색과 진한 주황색의 슈가 페이스트를 만들어 동그랗게 만든다.
③ 위 ②의 반죽을 와이어 고리에 끼워주고 빠지지 않도록 고정시켜 건조시킨다.
④ 위와 같이 만든 건조된 청미래 열매에 광택을 낸다.
⑤ 여러 개씩 모아 엮어 덩굴을 만들어준다.

02_ 호박 주전자 만들기

① 더미(dummy)를 호박 모양으로 다듬어 놓는다.
② 갈색 슈가페이스트를 만들어 롤링 핀(rolling pin)으로 밀어 놓는다.
③ 더미(dummy)에 갈색 슈가 페이스트를 씌워 주고 굴곡이 있는 부분을 만들어 준다.
④ 호박 꼭지 모양도 만들어 붙인다.
⑤ 주전자 꼭지는 진한 갈색으로 만들어 붙이고 손잡이도 만들어 붙인다.
⑥ 꼭지 있는 부분을 조심스럽게 뚜껑 모양으로 잘라내고 건조시킨다.
⑦ 건조된 주전자 뚜껑을 열고 청미래 덩굴을 주전자에서 흘러나온 것처럼 꽂아 주고 뚜껑을 덮는다.

°°54 각설탕 공예 2

sugar paste

01_숙성된 슈가 글루를 작은 각설탕 한쪽 면에 칠한 다음 4~6개 또는 8개를 포개어 붙여 놓는다.

02_여러 가지 색의 플라워 슈가페이스트를 얇게 밀어펴고 5mm 넓이와 2mm 넓이로 각각 잘라놓는다.

03_각각의 색깔별로 여러 가지 리본을 만들어 놓는다.

04_각설탕에 가로 세로로 슈가 페이스트 리본을 묶은것처럼 붙인후 윗부분에 03의 리본을 붙인다.

05_작은 각설탕은 더 작은 리본을 만들고 다양한 리본 모양을 만들어 붙인다.

55 꿈꾸는 아기

01_ 아기침대 만들기

① 타원형의 더미(dummy)를 높낮이가 다르게 다듬어 놓는다.

② 모델링 슈가 페이스트를 7가지 무지개 색으로 만들어 밀어 펴놓는다.

③ 스퀘어, 사이드 디자인 커터(square and side design cutter)를 이용하여 조각으로 만들고 안쪽에 여러 가지 문양을 찍어놓는다.

④ 한 조각에 안쪽에 볼륨을 표현할 수 있는 슈가 페이스트를 잘라 덧붙이기를 하고 타원형 더미 아래쪽부터 색깔별로 붙여 나간다.

⑤ 백색 슈가 페이스트를 밀어 타원형으로 얇게 밀어 펴고 가장자리에 프릴을 만들어 아기 침대 위에 붙인다.

⑥ 쿠션이 있는 타원형의 베개를 만들어 가장자리에 작은 프릴을 만들어주고 침대 위에 붙인다.

⑦ 아기 몸과 얼굴을 만들어 베개 위에 고정시키고 얇은 실크 이불처럼 슈가 페이스트를 얇게 밀어 무늬 밀대로 밀어놓는다. 여기에 펄 파우더(lustre dusting powder)를 칠하여 실크 느낌을 주고 타원형으로 잘라 가장자리에 프릴을 만들어 아기를 덮어주어 고정시킨다.

02_ 베이비 슈즈 만들기

① 슈가 페이스트를 2mm 두께로 밀어 놓고 베이비 슈즈 커터(bootie cutter)로 잘라낸다.

② 가장자리에 슈가 글루를 칠하고 신발 앞부분과 뒷부분을 각각 붙여준다.

③ 슈가 페이스트를 얇게 밀어 작은 리본을 만들어 아기신발 앞에 붙인다.

④ 신발 앞부분에 미니 안개꽃을 찍어 붙인다.

⑤ 완성된 신발을 케이크 받침에 붙인다.

03_ 액자 만들기

① 흰색 슈가 페이스트를 약간 두껍게 밀어주고 스퀘어, 사이드 디자인 커터(square and side design cutter)를 이용하여 무늬와 함께 찍어준다.

② 얇게 밀어준 슈가 페이스트를 3mm 폭으로 길게 잘라 펄 파우더(lustre dusting powder)를 칠하고 리본을 만든 후 액자 측면에 붙인다.

③ 완성된 액자를 침대 아래쪽에 붙인다.

○○56 모란

01_ 꽃 만들기

① 플라워 슈가 페이스트를 옅은 핑크색으로 만들어 놓는다.

② 옅은 초록색 플라워 페이스트를 물방울 모양으로 만든 후 끝을 3갈래로 잘라 바깥쪽으로 구부려 암술을 만들어준다.

③ 노란색 꽃술을 ②의 암술 주변에 둘러 감아 놓는다.

④ 핑크색 플라워 페이스트에 와이어를 끼워주고 셀 보드(cel board)위에서 밀어 준다.

⑤ 모란꽃 커터(peony cutter)로 위 ④의 반죽을 찍어주고 잎맥 툴(petal veiner tool)로 잎맥을 표현해준다.

⑥ 셀 패드(cel pad) 위에 꽃잎을 올리고 가장자리에 웨이브를 만들며 중앙 부분에 볼륨을 만든다.

⑦ 완성된 꽃잎에 노란색과 핑크색 더스팅 파우더(powdered dust color)를 칠해주고 작은 꽃잎부터 엮어 주며 바깥쪽으로 갈수록 큰 꽃잎을 엮는다.

⑧ 초록색 플라워 페이스트로 꽃받침을 만들어 웨이브와 잎맥 볼륨을 만든 후 꽃 아래쪽에 붙인다.

⑨ 꽃 봉오리도 같은 방법으로 만들고 꽃잎이 아직 피지 않은 것처럼 오무려 엮고 꽃받침을 만들어 붙인다.

02_ 모란 잎 만들기

① 플라워 페이스트에 와이어를 끼우고 셀 보드(cel board)위에서 밀어 펴고 모란잎 커터(peony leaf cutter)로 찍어낸다.

② 셀 패드(cel pad) 위에 올려 가장자리에 웨이브를 만들어 준 다음 잎에 초록색 더스팅 파우더(powdered dust color)를 칠하고 가장자리에 갈색 더스팅 파우더를 칠해준다.

03_ 꽃 완성하기

작은 봉오리 아래쪽에는 작은 잎을 먼저 엮고 큰 꽃 주변에는 큰 잎을 엮어 모란 꽃 가지를 완성한다.

57 소녀와 구두

01_ 소녀 만들기

① 더미(dummy)로 몸을 먼저 만들어 놓는다.

② 엷은 그린색의 슈가 페이스트를 원형으로 얇게 밀어편다.

③ 몸 위에 올려 붙이면서 실루엣을 자연스럽게 해준다.

④ 팔도 같은 색으로 만들어 붙인다.

⑤ 얼굴을 몰드에 찍어내고 목 부분을 몸과 연결해 놓는다.

⑥ 팔과 목 부분에 프릴을 만들어 붙인다.

⑦ 슈가크래프트 건(sugarcraft gun)으로 갈색 머리칼을 만들어 컬을 만든 후 아래쪽부터 붙인다.

⑧ 작은 모자를 만들어 리본을 붙이고 깃털을 만들어 붙인후 머리에 씌워준다.

⑨ 엷은 보라색과 진한 보라색으로 제비꽃을 만들어 부케를 완성하여 팔 아랫부분에 고정시킨다.

02_ 구두 만들기

① 모델링 슈가 페이스트를 약간 두껍게 밀어 펴고 웨딩 슈즈 몰드에 올려 눌러주고 가장자리를 다듬어 건조시킨다.

② 건조된 웨딩 슈즈를 맞붙여 앞부분에 장식을 해준다.

01_ 모양 만들기

① 모델링 슈가 페이스트를 밀어 달걀모양 몰드에 올려 모양을 만든 후 가장자리의 여분을 잘라내고 건조시킨다.

② 하트 모양도 위와 같은 방법으로 만들어 건조시킨다.

02_ 스텐실 만들기

① OHP 필름에 천사들의 모양을 그려준다.

② 커터칼로 OHP 필름의 그림 모양대로 오려낸다.

③ 오려낸 OHP 필름을 건조시킨 슈가 페이스트 위에 고정 시키고 색깔별로 더스팅파우더(powdered dust color)를 칠하고 필름을 제거한다.

03_ 완성하기

① 에그와 하트, 사과 모양 안쪽에 전구를 넣고 가장자리를 붙여 고정시킨다.

② 사과 모양 표면에 나비를 만들어 붙인다.

○○59 포인세티아와 선물

01_포인세티아 만들기(포인세티아 잎은 작은 것부터 큰 잎까지 보통 7가지 모양을 만들어 엮어준다)

① 빨간색 플라워 페이스트와 진초록 플라워 페이스트를 만들어 놓는다.

② 알맞은 길이로 와이어도 잘라 놓는다.

③ 빨간색 플라워 페이스트를 물방울 모양으로 만든 후 셀 보드(cel board)의 홈에 놓고 눌러주어 돌출된 부분에 와이어를 끼워 셀 보드의 홈 있는 곳에 놓고 롤링 핀(rolling pin)으로 밀어준다.

④ 포인세티아 커터(poinsettia cutter)로 찍어내어 셀 패드(cel pad)위에 올려놓고 볼 툴을 이용하여 가장자리에 약한 웨이브를 만든 후 굴곡이 있는 스펀지(former)위에 올려 건조시킨다.

⑤ 작은 잎부터 큰 잎까지 각각 3장 정도 만들어 놓는다.

⑥ 초록색 잎은 큰 잎만 5장 만들어 놓고, 빨간색과 초록색이 적당히 섞인 형태의 꽃잎도 5장 만든다.

⑦ 포인세티아 꽃술은 작은 고리를 만든 와이어에 초록색 페이스트를 작은 둥근 모양으로 만들어 고정 시키고 그 위에 빨간색 슈가 페이스트를 물방울 모양으로 만들어 붙인다.

⑧ 공예용 미니 가위(craft scissors)로 빨간색 부분을 잘게 잘라 주고 끝에 세몰리나로 만든 꽃가루를 살짝 찍어 준다.

⑨ 꽃술 5개를 먼저 같은 높이로 엮어주고 작은 잎부터 차츰 아래로 내려가며 큰 잎까지 엮어 완성한다.

02_홀리(holly) 만들기

① 빨간색 슈가페이스트를 동그랗게 만들어 고리를 만든 와이어에 고정시킨다.

② 연 초록색 슈가 페이스트를 셀 보드(cel board) 홈에 눌러 와이어를 끼워주고 롤링핀(rolling pin)으로 밀어 펴고 홀리잎 커터(holly leaf cutter)로 찍어낸다.

③ 셀 패드(cel pad)위에 올려 볼 툴(ball tool)로 약한 웨이브를 만들고 굴곡이 있는 스펀지(former)위에 올려 건조시킨다.

④ 진한 초록색 큰 홀리 잎도 마찬가지 방법으로 만든다.

⑤ 처음에는 한 잎씩 작은 잎부터 엮어주는데 아래쪽으로 엮어주면서 열매를 함께 엮고 중간 부분부터 3장의 잎을 같은 높이 다른 방향으로 엮어준다.

03_ 바구니 만들기

① 원형 더미에 흰색 슈가 페이스트를 씌워준다.

② 가장자리에는 갈색 슈가 페이스트를 밀어 바구니 밀대(patterned rolling pin)로 밀어 무늬를 만든 후 원형 더미 가장자리에 붙인다.

③ 슈가크래프트 건(sugarcraft gun)으로 3가닥 뽑기를 한 후 꼬아주어 바구니 무늬 아래 위쪽에 붙인다.

04_ 선물 만들기

① 슈가 페이스트를 육면체 모양으로 만들어 놓는다.

② 슈가 페이스트를 얇게 밀어 펴고 ①의 모양을 포장하듯이 붙인다.

③ 슈가 페이스트를 리본 모양으로 만들어 붙인다.

05_ 완성하기

① 바구니 모양 위에 포인세티아와 홀리를 꽂아준다.

② 바구니 모양 윗부분에 주황색 슈가 페이스트 리본을 만들어 붙인다.

③ 선물 포장 모양을 받침 가장자리에 붙인다.

④ 지팡이 모양 슈가 페이스트도 고정시킨다.

60 크리스마스 파티

01_ 흰색 오크 잎 만들기

① 흰색 플라워 페이스트에 와이어를 끼우고 셀 보드(cel board) 위에서 밀어 펴놓고 오크 잎 커터(oak leaf cutter)로 찍어준다.

② 잎맥을 찍어주고 셀 패드(cel pad) 위에서 웨이브를 만들어준다.

③ 화이트 펄(lustre dusting color)을 칠하여 광택이 나도록 해준다.

02_ 오키드 만들기

① 흰색 와이어를 적당한 길이로 잘라 놓는다.

② 흰색 플라워 페이스트를 타원형으로 만들어 셀 보드(cel board)의 홈에 눌러준 다음 돌출된 부분에 와이어를 끼워주고 다시 셀 보드(cel board)의 홈 부분에 놓고 얇게 밀어 펴준다.

③ 심비디움 커터(cymbidium orchid cutter)로 찍어내고 가장자리를 볼 툴(ball tool)로 좀 더 얇게 펴준 후 셀 패드(cel pad)위에 올려놓고 가장자리에 웨이브를 만든다.

④ 암술꽃잎 앞쪽에 무늬를 그리고 안쪽 꽃잎 바깥쪽 꽃잎을 각각 위와 같은 방법으로 만들어 곡선으로 살짝 건조시킨 후 수술과 꽃잎 가운데에 더스팅 컬러(powdered dust color)를 칠해준다.

⑤ 암술과 수술이 서로 마주보도록 엮어 고정시키고 나머지 꽃잎을 좌우를 맞춰가며 한 송이의 꽃으로 엮어준다.

03_ 빨간색 열매 만들기

① 와이어를 잘라 끝 부분을 구부려 놓는다.

② 빨간색 플라워 페이스트를 동그랗게 만들어 와이어에 고정시킨다.

04_ 완성하기

① 흰색 오크 잎과 빨간색 열매를 함께 엮어 준다.

② 유리 화병에 하겔 슈가를 가득 담아 놓고 위 ①의 가지를 꽂아 준다.

③ 작은 화병에도 하겔 슈가를 가득 채우고 오키드를 한 송이씩 꽂아준다.

④ 드라제와 슈가 스틱을 접시 위에 가지런히 담아 놓는다.

61 조각보와 매듭

01_ 사각형의 볼륨있는 더미(dummy)를 만들어 놓는다.

02_ 슈가 페이스트를 12가지 색으로 만들어 밀어 편다.

03_ 직물 모양의 무늬를 만들어 주고 한 조각씩 잘라내어 01의 더미(dummy)에 붙인다.

04_ 가장자리에는 슈가 페이스트를 길게 만들어 2가닥 꼬기를 하여 돌려 붙이고 매듭을 만들어 붙인다.

05_ 직물 문양의 커버를 씌운 직사각형의 받침 위에 고정시킨다.

62 우리는 친구

01_ 오두막 만들기

① 오두막 모양의 스케치를 해 놓는다.

② 슈가 페이스트를 진한 갈색과 연한 갈색으로 만들어 놓는다.

③ 위 ②의 갈색 슈가 페이스트를 긴 스틱모양으로 만들어 겹쳐 굴리기를 반복하여 나무의 결을 만들어 놓는다.

④ 오두막 모양에 맞는 길이로 잘라 벽면 모양부터 붙인다.

⑤ 벽이 건조되면 지붕 모양에 맞게 슈가 스틱을 잘라 붙인다.

⑥ 창문과 굴뚝 모양, 문패 등도 만들어 붙인다.

02_ 돼지 만들기

① 돼지 몸통을 먼저 만들어 놓고 두 다리를 만들어 몸에 붙인다.

② 앞다리는 사람 손처럼 만들어 몸에 붙이고 머리를 만들어 붙인다.

③ 돼지발을 만들어 붙이고 귀도 돼지의 특징을 잘 살려 모자를 만들어 씌우며 작은 나팔을 불고 있는 것처럼 만들어 붙인다.

④ 작은 사다리를 만들어 미니 버섯들을 만들어 올려 돼지의 간식처럼 옆에 놓는다.

⑤ 나무 그루터기를 만들어 돼지가 기댈 수 있게 만든다.

03_ 강아지 만들기

① 강아지는 슈가 페이스트를 큰 물방울 모양으로 만들어 몸통을 만들고 앞다리와 뒷다리를 마지팬 도구를 이용하여 만든다.

② 머리 모양은 슈가 페이스트를 물방울 모양으로 만들고 코와 눈의 위치를 정하여 마지팬 볼 툴로 찍어주고 눈과 눈썹을 붙인다.

04_ 소녀 만들기

① 상체를 만들어 놓고 두 다리를 만들어 붙인다.

② 양팔을 만들어 붙이고 손과 발을 만들어 붙인다.

③ 얼굴을 만들어 놓은 후 머리카락을 슈가 건으로 만들어 붙이고 리본을 붙인다.

④ 슈가 페이스트를 밀어 길게 자른 후 가장자리에 프릴을 만들어 주고 상체와 다리 부분에 붙여 스커트를 만든다.

05_ 원숭이 만들기

① 진한 갈색과 엷은 갈색의 슈가 페이스트를 준비한다.

② 진한 갈색으로 몸을 만들고 앞부분의 배는 엷은 슈가 페이스트를 오려 붙인다.

③ 긴 팔과 양다리를 만들어 구부려 붙이고 머리 부분도 둥글게 만들어 붙이며 귀도 만들어 붙인다.

④ 아기 원숭이도 같은 방법으로 만들어 엄마 원숭이를 껴안은 것처럼 만든다.

06_ 늑대 만들기

① 녹색으로 다리를 먼저 만들어 놓는다.

② 검은 색으로 상체와 팔을 만들어주고 장갑 낀 손을 2개 만들어 붙인다.

③ 바지가 찢어진 것처럼 만든 후 양 발을 만들어 붙인다.

④ 빨간색 찌그러진 모자를 만들어 따로 건조시킨다.

⑤ 파란색 슈가 페이스트를 물방울 모양으로 긴 늑대 얼굴을 만들어 가위로 뾰족 한 쪽을 잘라 입을 만든다.

⑥ 붉은 혀를 만들어 붙이고 눈, 코, 귀를 만들어 붙인다.

⑦ 머리 위에 건조된 모자를 올려 고정시킨다.

63 쿠키탑

01_ 흰자 200g을 넣고 60%정도 휘핑한다.

02_ 위 01에 슈가 파우더 400g을 조금씩 넣으며 100% 휘핑해 준다.

03_ 타르타르 크림을 넣고휘핑하여 주걱으로 떠 올렸을 때 끝이 뾰족하게 휘는 상태가 되도록 해놓는다.

04_ 파이핑 백에 넣고 평철판 위에 둥근 탑 모양으로 짠다.

05_ 40~50℃ 오븐을 열어 놓은 채 건조시키듯 굽는다.

06_ 로얄 아이싱을 만들어 파이핑 백에 넣어둔다.

07_ 받침 위에 로얄 아이싱을 짜서 머랭쿠키를 돌려가며 붙여 탑을 쌓아 올린다.

08_ 작은 머랭 탑과 큰 머랭 탑을 각각 쌓아올려 만든다.

◦◦64 이웃 사촌

01_ 원형 케이크

① 원형 케이크 모양의 더미에 슈가 페이스트를 커버해 놓는다.

② 측면에 구름 문양의 5개의 공간을 표시해 준다.

③ 로얄 아이싱을 티파니 블루 컬러로 만들어 파이핑 백에 넣어 놓는다.

④ No.2 원형 튜브로 가장자리 라인을 먼저 짜주고 No.1 원형 튜브로 바꿔 라인 안쪽에 필리그리 기법으로 로얄 아이싱을 짠다.

02_ 시골 사촌

① 파란색 슈가 페이스트로 다리를 만들어 놓는다.

② 핑크색 슈가 페이스트로 윗부분 옷을 만들어 준다.

③ 검은색으로 신발을 투박하게 만들어 붙이고 손을 만들어 윗옷 팔 부분에 붙인다.

④ 얼굴을 둥글게 만들고 머리와 코 부분까지 흙갈색의 얇은 슈가 페이스트를 오려 붙인다.

⑤ 귀는 흙갈색과 핑크색 슈가 페이스트로 둥글납작하게 만들고 중앙에 볼륨을 만들어 붙인다.

⑥ 모자를 만들어 귀 사이에 올려붙인다.

03_ 도시 사촌

① 시골 사촌과 같은 방법으로 만들며 옷은 연미복으로 만들어주고 빨간 나비넥타이를 만들어 붙인다.

② 모자는 중절모처럼 만들어 머리에 붙인다.

04_ 완성하기

① 케이크 위에 사촌들을 고정시켜 붙이고 초록색 더스팅 파우더를 칠해준다.

② 연두색과 초록색 슈가 페이스트로 잔디와 풀, 꽃을 만들어 붙인다.

65 통나무

01_통나무 만들기

① 더미를 통나무 토막처럼 만들어 놓는다.

② 옅은 갈색과 진한 갈색을 만들어 각각 밀어 편다.

③ 밀어 놓은 2가지 색을 겹쳐 놓고 3mm두께로 길게 잘라 놓는다.

④ 잘라 놓은 슈가 페이스트를 나이테처럼 만들어 더미에 붙인다.

⑤ 진한 갈색 슈가 페이스트를 밀어 펴고 나무 표면처럼 만들어 붙인다.

02_청미래 덩굴 만들기

① 빨간색 슈가 페이스트를 동그랗게 만들어 와이어에 끼워준다.

② 초록과 빨간색, 주황색등의 슈가 페이스트를 마블 상태로 만들어 와이어를 끼워주고 보드 위에서 밀어 하트 모양의 청미래 잎 모양 커터로 잘라낸다.

③ 셀 패드(cel pad) 위에 올려 가장자리에 웨이브를 만들어 건조시킨다.

④ 플라워 테이프로 덩굴손을 만들어 청미래 열매와 잎을 함께 적당한 길이로 엮어준다.

03_오크 잎 만들기

① 슈가 페이스트를 진한 노란색과 옅은 갈색 주황색 등을 만들어 놓는다.

② 여러가지 색의 반죽을 조금씩 떼어 마블 상태로 만들어 와이어를 끼워주고 밀어 오크 잎 모양 틀로 찍어낸다.

③ 셀 패드(cel pad) 위에 올려 가장자리에 웨이브를 만들어준다.

④ 도토리 모양을 여러 개 만들어 잎과 함께 엮는다.

04_완성하기

통나무를 받침위에 고정시키고 청미래 덩굴과 오크 잎 도토리, 솔방울 등을 한쪽에 장식해주고 받침에는 커피슈가를 뿌려 완성한다.

66 함

01_함 만들기

① 더미를 직육면체로 다듬어 놓는다.

② 슈가 페이스트를 청색과 빨간색으로 만들어 놓는다.

③ 빨간색 슈가 페이스트를 직사각형으로 밀어 펴고 더미에 씌워 스무더로 매끄럽게 해놓는다.

④ 청색 슈가 페이스트도 롤링 핀으로 밀어 펴고 긴 넥타이 모양과 정사각형으로 각각 밀어 가장자리를 퀼팅 툴로 무늬를 내준다.

⑤ 긴 넥타이 모양의 슈가 페이스트를 ③의 중앙에 먼저 붙이고 정사각형의 슈가 페이스트를 마름모꼴로 겹쳐 붙인다.

⑥ 흰색 로얄 아이싱을 만들어 모란꽃과 잎 모양으로 짜서 붓으로 수놓기(brush embroidery)를 해준다.

⑦ 초록색과 빨간색, 노란색 슈가 페이스트를 슈가 건으로 뽑아 술처럼 만들어 함 중앙 끝에 각각 달아준다.

02_완성하기

시루모양 위에 함을 올리고 옆에 모란꽃으로 장식을 한다.

67 노리개

01_ 노리개 모양을 먼저 스케치하여 색상과 엮임, 수놓을 곳을 정한다.

02_ 슈가 페이스트로 색상을 만들어 슈가 건으로 뽑아놓은 실과 같은 슈가 페이스트를 씨줄과 날줄로 엮어 나간다.

03_ 원하는 크기로 엮어지면 중앙에 솜이 들어있는 것처럼 볼륨을 만들어주고 표면에 02의 엮어놓은 것을 붙여준다.

04_ 가장자리에도 실과 같은 슈가 페이스트를 엮거나 꼬아서 한 바퀴 돌려 붙인다.

05_ 수를 놓을 장식도 중앙에 볼륨을 만든 후 가장자리를 장식해준다.

06_ 표면이 약간 건조되면 로얄 아이싱을 이용하여 붓으로 수놓기(brush embroidery)를 해준다.

07_ 남은 여분의 반죽으로 작은 매듭들을 만들어 붙인다.

08_ 슈가 건으로 슈가 실을 뽑아서 아래쪽을 가지런히 한 다음 윗부분을 모아 잡아 여분의 실로 돌돌 감아준다.

09_ 슈가 페이스트로 찰랑거리는 실처럼 만들어진 아랫부분에 더스팅 컬러를 붓으로 칠해준다.

10_ 완성된 04번과 06번을 09번의 위에 매듭과 함께 붙인다.

11_ 완성된 노리개를 받침위에 고정시키면 벽걸이 장식으로도 사용이 가능하다.

68 2개의 미니 스탠드

01_ 스탠드(1) 만들기

① 모델링 슈가 페이스트를 얇게 밀어 편다.

② 원뿔 형태의 모양 본을 위에 올리고 나이프로 오려준다.

③ 미니 블러섬 커터로 찍어내고 원뿔 형태로 붙여서 건조시킨다.

④ 옅은 핑크색 로얄 아이싱으로 가장자리에 작은 구슬짜기를 해준다.

⑤ 미니 블러섬 꽃 모양을 붙인다.

02_ 스탠드(2) 만들기

① 모델링 슈가 페이스트를 얇게 밀어 편다.

② 원뿔 형태의 모양 본을 위에 올리고 나이프로 오려준다.

③ 작은 원형 모양깍지로 모양을 내어준다.

④ 원뿔 형태로 건조시킨다.

⑤ OHP필름에 가마를 타고 가는 신부와 신랑 등을 그려준다.

⑥ 그림을 정교하게 오려내고 필름을 스탠드에 고정시킨 후 더스팅 컬러로 색을 칠해준다.

⑦ 완성된 모양을 작은 유리잔 위에 올려 스탠드 모양으로 해준다.

69 우먼 WOMEN

01_ 스케치하기

글씨와 위생복 입은 사람들 그리고 소품들을 스케치해보고 색을 결정한다.

02_ 만들기

① 파스티아주에 색소를 넣고 여러 가지 색을 만들어 놓는다.
② 반죽을 마블링하여 5mm 두께로 밀어 편 후 글씨 모양대로 오려서 건조시킨다.
③ 위생복 입은 상체를 먼저 만들고 다리를 만들어 붙인다.
④ 얼굴을 만들어놓고 머리카락을 만들어 붙인다.
⑤ 모자와 앞치마를 만들어 붙인다.
⑥ 와인병을 만들어 놓고 라벨에 작은 글씨를 써준다.
⑦ 밀대. 바구니, 과일, 휘퍼, 동냄비 등을 만들어 놓는다.
⑧ 받침을 3단으로 만들어 건조시킨다.

03_ 완성하기

① 완성된 받침위에 WOMEN을 적절히 배치하고 위생복을 입은 사람들도 고정시킨다.
② 와인병, 동냄비 등 여러 가지 소품들을 적당한 위치에 놓는다.

70 옛날 옛날에

옛날, 어느나라에
아리따운 백설공주
와 질투많은 왕비가
살고있었어요.
왕비는 요술거울
에게 물어보았어요.
WELL LOVED TALES
Sleeping Beauty

01_ 직사각형의 더미를 책 모양으로 다듬어 놓는다.

02_ 흰색 슈가 페이스트를 씌우고 가장자리에 종이가 여러 겹인 것처럼 줄무늬를 만들어 놓는다.

03_ 플라워 슈가 페이스트를 얇게 밀어 책 모양 위에 한 겹 더 붙여 가장자리를 살짝 들어 건조시킨다.

04_ 오래된 고서처럼 표현하기 위해 책 가장자리에 어두운 노란색을 칠해 준다.

05_ 책 표지 모양도 슈가 페이스트를 두껍게 밀어 가죽 문양을 만들어 준다.

06_ 위 01의 표지 위에 03의 책을 올려 고정시킨다.

07_한쪽 면에 모델링 페이스트로 요술 거울모양을 만들어 붙이고 미니장미로 아랫부분을 장식한다.

08_ 오른쪽에는 옛날 이야기를 로얄 아이싱으로 글씨짜기(lettering)를 해 준다.

09_ 가운데 부분에 슈가 페이스트로 책갈피를 만들어 붙인다.

71 날마다 좋은 날

01_ 포장 스케치하기

선물 포장한 모양의 4면을 각각 스케치하여 색을 결정한다.

02_ 선물포장 만들기

① 더미를 직육면체모양으로 다듬어 놓는다.

② 슈가 페이스트를 옅은 핑크색과 진한 인디안 핑크색으로 만들어 놓는다.

③ 진한 인디안 핑크색을 길게 밀어 놓고 무늬가 있는 롤링 핀으로 한번 더 밀어준다.

④ 더미의 아래쪽 1/3부분에 붙인다.

⑤ 옅은 핑크색도 길게 밀어 나머지 2/3 부분과 윗부분에 붙인다.

⑥ 사슴과 전통 창문, 나뭇가지 등은 갈색 런 아웃 기법으로 짜서 건조시킨다.

⑦ 학과 구름 문양은 흰색 로얄 아이싱으로 짜서 건조시킨다.

⑧ 거북과 복주머니, 초롱은 모델링 슈가 페이스트로 만들어 퀼팅 툴로 문양을 만들어 붙인다.

⑨ 모델링 슈가 페이스트를 원형으로 잘라 표면을 건조시킨 후 로얄 아이싱으로 꽃을 붓으로 수놓기(brush embroidery) 해준다.

⑩ 완성된 ⑨를 원 안에 붙인다.

⑪ 진한 인디안 핑크색을 밀어 펴고 무늬가 있는 롤링 핀으로 다시 한번 밀어준 후 4장의 마름모꼴을 만들고 가장자리에 퀼팅 툴로 무늬를 만들어 한쪽을 주름잡아 매듭을 만든다.

⑫ 전통창문, 나뭇가지 구름과 사슴, 학, 청사초롱 등을 붙인다.

⑬ 완성된 매듭을 윗부분에 고정시키고 노리개를 만들어 위에 올린다.

72 레드벨벳

01_더미에 빨간색 슈가 페이스트를 커버해준다.

02_런 아웃 도안을 그리고 도안 위에 OHP 필름을 얹어 도안대로 가는 줄 무늬 꽃잎을 먼저 짜주고, 가장자리 선을 짜준 다음 묽은 로얄 아이싱으로 빈 공간을 윗면이 매끄럽게 채워준다.

03_건조된 런 아웃 모양을 테이블 모서리 부분에서 OHP 필름을 조심스럽게 떼어내 케이크 옆면에 먼저 붙이는데 윗면에 먼저 장식하면 측면에 붙일 때 파손되기 쉬우므로 케이크 받침까지 붙인 후 윗면에는 제일 나중에 붙인다.

73 엔젤 하우스

화기에 꽃꽂이 한 이 작품에 엔젤 하우스라 이름을 붙인 데에는 특별한 의미가 있다. 이 작품은 슈가 플라워 페이스트로 꽃을 만들때 장식에서 제외된 꽃이나 만든 사람이 가끔 슈가 아뜨리에에 버리고 간 꽃들을 모아 내가 만든 꽃들과 함께 하나의 작품으로 어레인지 시켜 완성한 것이다. 부러진 꽃잎을 다시 붙이고 어울리는 비슷한 컬러를 칠해주고 수정하는 과정에서 꽃들이 생동감을 되찾는 듯 하였고 꽃을 꽂으면서 버림받았던 꽃들 하나하나가 기쁨으로 피어나는 느낌을 받았다.

74 달맞이꽃과 작은 종

01_ 달맞이꽃 만들기

① 작은 꽃술을 와이어에 묶어 놓는다.

② 연노란 플라워 페이스트로 꽃자루를 만들고 작은 롤링 핀으로 가장자리를 밀어 펴준다.

③ 꽃 모양 틀로 찍어내고 패드 위에 올려 웨이브와 볼륨을 만들고 꽃 술을 중앙에 꽂아 고정시킨다.

④ 초록색 플라워 페이스트로 꽃받침을 만들어 붙인다.

⑤ 활짝 핀 꽃과 봉오리를 만들고 잎을 만들어 함께 엮어준다.

02_ 종 만들기

① 종 몰드에 모델링 페이스트를 굴려 넣고 손으로 조금씩 늘려가며 종모양으로 만든다.

② 건조되면 몰드에서 꺼내어 가장자리를 다듬어 놓는다.

③ 종 표면에 로얄 아이싱과 슈가 페이스트로 장식해준다.

④ 2개의 종을 엮어 와이어 끝에 고정시킨다.

03_ 익스텐션하기

① 더미에 진한 초록색 커버를 씌운다.

② 커버 위에 로얄 아이싱 짜줄 위치를 정하여 표시해둔다.

③ 일정한 간격으로 브릿지를 짜줄 칵테일 스틱을 꽂아놓고 로얄 아이싱을 한 바퀴 짠다.

④ 표시해둔 곳부터 브릿지까지 일정한 간격으로 수직 선 짜기를 해준다.

⑤ 완성되면 칵테일 스틱을 조심스럽게 빼낸다.

⑥ 윗부분도 같은 익스텐션 방법으로 짜준다.

04_ 완성하기

① 받침과 연결된 부분에 로얄 아이싱 레이스를 붙인다.

② 완성된 익스텐션 더미위에 달맞이꽃을 먼저 꽂아주고 그 중앙부분에 2개의 작은 종을 꽂아 완성한다.

75 오색복주머니

01_ 복주머니 만들기

① 파스텔 톤의 슈가 페이스트를 5가지 색으로 만들어 놓는다.

② 5가지 색의 슈가 페이스트를 길게 만들어 둥글게 밀어준다.

③ 색이 다른 경계선 부분에 퀼팅 툴로 문양을 만들어 준다.

④ 주머니처럼 모아 잡아서 윗부분이 자연스럽게 퍼지도록 한다.

⑤ 여분의 반죽을 슈가 건으로 뽑아 꼬아서 줄을 만들고 실처럼 가늘게 뽑은 슈가 페이스트를 술처럼 줄 끝에 붙인다.

02_ 아랫단 케이크 만들기

① 더미(dummy)를 케이크 모양으로 다듬어 흰색 슈가 페이스트를 커버해 놓는다.

② 슈가 페이스트를 진한 노란색과 엷은 노란색으로 만들어 밀어 펴고 패치워크 커터로 각각 잘라 놓는다.

③ 잘라 놓은 슈가 페이스트에 볼륨을 만들어 주고 돌려가며 붙인다.

④ 흰색 슈가 페이스트를 얇게 밀어주고 무늬가 있는 롤링 핀으로 밀어준 후 스트레이트 프릴(straight frill) 도구를 이용하여 곡선이 있는 모양으로 잘라 돌려 붙인다.

⑤ 작은 로얄 아이싱 구슬을 짜서 마무리 해준다.

03_ 완성하기

케이크 위에 복주머니를 올려 고정시키고 받침 가장자리에 달맞이꽃을 올려준다.

76 모닝 글로리

01_ 커버하기

더미(dummy)를 다듬어 흰색 슈가 페이스트를 커버해 표면을 건조시켜 놓는다.

02_ 붓으로 수놓기

① 슈가 파우더를 아이싱 채로 쳐놓는다.

② 로얄 아이싱을 연보라와 진보라, 초록색 등으로 각각 만들어 놓는다.

③ 왼쪽 위의 봉오리부터 아이싱을 짜고 물 묻은 붓으로 수를 놓듯이 고르게 쓸어 내려준다.

④ 꽃잎 부분 중앙은 좀 더 엷은 색이 되도록 해준다.

⑤ 잎도 같은 방법으로 수를 놓듯이 해주고 잎맥을 가늘게 짜서 표현한다.

⑥ 줄기는 굵은 부분과 가는 부분 또는 꼬아진 부분을 짜준다.

⑦ 나비를 만들어 적당한 곳에 붙인다.

03_ 레이스 붙이기

OHP 필름 위에 짜놓은 레이스에 분말 색소를 칠하고 케이크의 가장자리에 세워 붙인다.

°°77 마이 웨딩!

참고문헌

• 이종열의 WEDDING & ANNIVERSARY CAKES / 비앤씨월드 / 2003

• 우리의 공예문화 / 예경 / 추원교지음 2003

• 부여군 문화상품, 백제금동대향로 축소복각품 / 부여군청

• 동화나라 스텐실 / 도서출판 이종 / 1999

• THE ULTIMATE BOOK OF ROYAL ICING / MEREHURST / LINDSAY JOHN BRADSHAW / 1992

• SUGARCRAFT / JUL / AUG 1994

• SUGARCRAFT / SEP / OCT 1994

• FLOWER FAIRIES TREASURY / CICELY MARY BARKER / WARNE 2000

• CAKES & SUGARCRAFT / WINTER 2002

• THE INTER NATIONAL SCHOOL OFSUGAR CRAFT / NICHOLAS LODGE / 1988

저자 이종열
www.sugaratelier.com

저자소개

- 슈가아뜨리에 학원 설립(한국최초 슈가크래프트 학원)
- 現)영국 BRITISH SUGAR CRAFT GUILD 회원 (BSG)
- 現)미국 International Cake Exploration Societe(ICES) 회원
- 現)K. B. World 정회원
- 現)혜전대학 제과제빵과 겸임교수
- SIBA, 여성 기술인 대회 심사위원
- 건국대학교 농축대학원 식품공학 석사
- 2006 미국 World Pastry Forum 연수
- 2004 영국 BSG Skill School 수료
- 프랑스 LE CORDON BLEU, BELLOUET 연수
- 독일 제빵 연구소 BAKE MARK, 바인하임 제빵학교 연수
- 미국 American Institute of Baking 수료
- 저서 "이종열의 Wedding and Anniversary Cakes"

수상경력

- 2008 영국 Hotelympia Le Salon Culinaire International de Londres
  - Floral Sugarcraft : Gold
  - Decorated Celebration Cake : Silver
- BSG 'CREATIVE WORLD OF SUGAR' INTERNATIONAL EXHIBITION 2004
  - Sugarpaste Celebration Cake, 2 tiers : Gold and the George Mooney Trophy
  - National Headdress : Silver
  - Rich Fruit Cake : Bronze
- 2003 세계음식박람회 웨딩케이크부문 금상수상

전시 경력

- 2001~2007. 10. SIBA 웨딩케이크 및 슈가 크래프트 전시회
- 2003~2006. 8 현대백화점(압구정본점) 슈가 크래프트 전시회
- 2005. 2 K. B. World 창립전시회
- 2004. 9 전국 기능인 경기대회 작품전시
- 2004. 5 노블카운티 五色展示會
- 2003. 8. 코엑스몰 슈가 크래프트 전시 및 실연
- 2001. 7. 노블 카운티 슈가 크래프트 전시

클라이언트

- 영화 〈헨젤과 그레텔〉
- 에비뉴엘 개관 2주년 기념식 케이크
- 삼신 다이아몬드 와 쥬얼리 야울 웨딩케이크
- BMW 런칭 기념, 크리스챤 디올 컬렉션 런칭 기념
- 야구선수 홍성흔 선수 아기 돌케익 제작 ,탤런트 이순재 기념 케익 제작 등.
- 마이웨딩 프로포즈 케이크

특허

- 한국 최초 슈가크래프트 특허 획득(특허제 10-0851834호)

슈가크래프트 Sugarcraft & DECORATION

초 판 인 쇄 2008년 10월 15일
초 판 발 행 2008년 10월 30일
저 자 이종열
발 행 인 김홍용
발 행 처 도서출판 효일
서울특별시 동대문구 용두 2동 102-201
전화 : 02)928-6644 FAX : 02)927-7703
homepage www.hyoilbooks.com
e-mail hyoilbooks@hyoilbooks.com
등 록 1987년 11월 18일 제 6-0045호

값 35,000원

ISBN 978-89-8489-245-3